中国制造业高技能人才多维优化供需匹配研究

汪志红　周建波　魏守道　著

中国财经出版传媒集团
中国财经经济出版社
· 北京 ·

图书在版编目（CIP）数据

中国制造业高技能人才多维优化供需匹配研究／汪志红，周建波，魏守道著. --北京：中国财政经济出版社，2024.2

ISBN 978-7-5223-2812-6

Ⅰ.①中… Ⅱ.①汪… ②周… ③魏… Ⅲ.①制造工业-人才培养-研究-中国 Ⅳ.①F426.4

中国国家版本馆 CIP 数据核字（2024）第 039426 号

责任编辑：叶　彤　　　　责任校对：张　凡
封面设计：北京兰卡绘世　　　　责任印制：党　辉

中国制造业高技能人才多维优化供需匹配研究
ZHONGGUO ZHIZAOYE GAOJINENG RENCAI
DUOWEI YOUHUA GONGXU PIPEI YANJIU

中国财政经济出版社 出版

URL：http：//www. cfeph. cn
E-mail：cfeph@ cfeph. cn

社址：北京市海淀区阜成路甲 28 号　邮政编码：100142
营销中心电话：010-88191522
天猫网店：中国财政经济出版社旗舰店
网址：https：//zgczjjcbs. tmall. com
中煤（北京）印务有限公司印刷　各地新华书店经销
成品尺寸：170mm×240mm　16 开　11 印张　155 000 字
2024 年 2 月第 1 版　2024 年 2 月北京第 1 次印刷
定价：78.00 元
ISBN 978-7-5223-2812-6
（图书出现印装问题，本社负责调换，电话：010-88190548）
本社质量投诉电话：010-88190744
打击盗版举报热线：010-88191661　QQ：2242791300

前 言

在中国制造战略背景下，根据我国制造业高技能人才的主要区域分布特点，以“中国制造2025”四个试点示范城市群的高技能人才以及58同城蓝领技能人才为研究对象，从截面、空间和时间维度采用大数据思想挖掘高技能人才的多维支撑信息和供需匹配信息，对高技能人才的空间分布、季节性特征、供需特征、流动性影响和供需匹配等进行深入研究，并在研究基础上得到较为系统的高技能人才多维优化供需匹配研究体系和研究结论。全书共分为九个章节，其主要研究内容和结论如下。

其一，研究我国“中国制造2025”战略和高技能人才的内涵和发展现状，详细分析我国“中国制造2025”试点示范城市群的分布特点、产业特色及高技能人才引进策略。研究显示，我国制造业高技能人才聚集效应显著，“中国制造2025”试点示范城市群可以作为制造业高技能人才支撑信息和匹配研究的重要研究对象。

其二，研究我国“中国制造2025”四个试点示范城市群内制造业企业对高技能人才的需求偏好特征与需求偏好稳定性和偏好强度。结论显示，规模企业和类型企业对体现高技能人才水平的学历偏好更多体现的是区域个性特征，共性特征不明显，发展相对不够成熟的郑洛新和长株潭衡试点示范城市群比发展相对比较成熟的苏南和珠江西岸试点示范城市群对高技能人才的综合特征需求偏好更稳定，需求偏好程度更强，高技能人才紧缺程度相对较高。

其三，对“中国制造2025”四个试点示范城市群高技能人才的截面和空间流动性与流动强度指数特征进行研究。结论显示，高技能人才截面自主流动存在从基础自然属性驱动流动到高质量的技能水平驱动的质变过程，试点示范城市群基于空间地理位置和空间传导机制的高技能人才流动性特征个性特征较为明显，流动性影响因素和流动强度与截面自主流动相关研究结论基本一致。

其四，对制造业试点示范城市群高技能人才截面和空间供需匹配度指数体系、截面和空间供需匹配度指数算法进行理论和实证研究。理论研究显示，截面和空间供需匹配度指数体系与截面和空间供需匹配度指数算法能够更具体、更丰富和更能优化高技能人才供需匹配研究的维度和匹配类型；实证研究结论显示，高技能人才截面供需匹配度强度与试点示范城市群的发展成熟度正关联，空间地理位置优势与高技能人才空间滞后供需薪酬匹配度强弱关联性较弱，空间地理位置优势与高技能人才空间残差供需薪酬匹配度强度负相关，并能缩小企业之间高技能人才空间供需薪酬匹配度强度差异，企业特征的截面供需匹配度强于空间地理位置特征的空间匹配度，企业自身特征优势比空间地理位置优势对高技能人才的吸引力度更强。

其五，对蓝领技能人才网络招聘需求的季节性特征和最佳招聘时间确定算法进行研究，设计基于季节调整的春节网络招聘最优时间区段的组合循环遍历算法。研究结论显示，蓝领技能人才网络招聘企业的招聘需求具有显著的季节效应，春节效应显著，且呈现节前、节中和节后的倒梯形影响状态，即节前和节后对企业蓝领技能人才网络招聘为显著正向影响，节中表现为显著的负向影响。春节节前和节后的最佳招聘需求序列具有显著影响的时间区段为节前5天、节中7天和节后19天。该研究方法可拓展到高技能人才供需最佳招聘和求职时间区段的研究中。

根据以上研究成果，制造业试点示范城市群主要可以通过提升制造业试点示范城市群内行业规模效应和城市群内城市之间的正向聚集和溢出效应提高高技能人才的流动性，从而进一步提高高技能人才的供需匹配强度。

作者

2023年11月

目　录

第一章

引　言

第一节　研究背景

制造业是我国国民经济主体，是我国的立国之本、兴国之器、强国之基。18 世纪中叶开启工业文明以来，世界强国的兴衰史和中华民族的奋斗史一再证明，没有强大的制造业，就没有国家和民族的强盛。打造具有国际竞争力的制造业，是我国提升综合国力、保障国家安全、建设世界强国的必由之路。

当前，新一轮科技革命和产业变革与我国加快转变经济发展方式形成历史性交汇，国际产业分工格局正在重塑。基于当前新的国际国内环境，为了立足国际产业变革大势，全面提升我国制造业发展质量和水平，2014 年 12 月，我国首次提出“中国制造 2025”概念，2015 年 3 月 5 日，总理在全国两会上首次提出“中国制造 2025”的宏伟计划，2015 年 5 月，国务院正式印发的《中国制造 2025》印刷版标志着我国正式进入“中国制造 2025”时代[1]。其“三步走”制造强国蓝图为：到 2025 年进入制造强国的行列；到 2035 年我国制造业整体达到世界制造强国阵营中等水平；到 2049 年我国制造业大国地位更加巩固、综合实力进入世界制造强国前列。制造强国蓝图的实现需要大量高精端的高技能人才支撑，对制造业高技能人才空间分布、季节性特征、流动性特征和供需匹配进行研究，能够有助于更全面了解我国制造业高技能人才状况，有利于政府和企业根据其区域和制造业发展特征进行高技能人才引进和保留，为区域制造业发展提供可持续的高技能人才储备支持。本书在该研究背景下进行高技能人才相关问题的研究，是我国制造业发展急切需要解决的问题，体现较强的现实意义。

第二节 研究意义

本书研究是基于两大战略背景：一是自 2015 年我国提出“中国制造 2025”战略策略以来，制造业对技能需求有质上提高；二是实现“中国制造 2025”提出的人才培养战略需要科学、有效和准确的决策理论依据不断完善人才战略决策方针。在该战略背景下，本书基于对高技能人才与制造业的支撑信息与匹配现状进行研究，基于大数据的动态微观和宏观研究视角从截面、空间和时间多维度提供制造业高技能人才的支撑信息与供需匹配特征，是集科学性和时效性较强的决策依据。

本书主要是从方法设计和实证分析的角度进行高技能人才在截面、空间和时间维度上的相关技术支撑和匹配研究。研究方法上主要依据现有制造业企业对高技能人才需求和高技能自身的各类数据特征进行针对性模型设计，力求在有限的信息范围内挖掘较多的决策信息；应用上主要以我国当前最有代表性的“中国制造 2025”四大试点示范城市群的高技能人才微观大数据和 58 同城蓝领技能人才招聘宏观数据为信息分析对象，构成以高技能人才空间分布、需求特征、流动性影响因素、季节调整和供需匹配为主要内容的截面、空间和时间的多维支撑的较为系统的研究，具有一定的学术价值和应用价值。

第三节 国内外研究现状

对与制造业和技能人才相互关联的研究最早起于欧美工业化进程中的第一次工业革命，针对熟练技能人才短缺和大量农村劳动力转移的情况，基于威廉·配第（1672）的比较效益差异理论，刘易斯（1954）和乔德森（1961）等使用二元经济模型以及唐纳德·博格（1959）推拉理论等对这种现象进行了解释；随着技能人才与制造业关联问题向技能短缺与结构性匹配转变，基于贝弗里奇曲线（1944）[2]，Blanchard（1989）[3]和 Bleakly（1997）[4]对市场搜寻和匹配机制进行进一步理论扩充，Pissarides（2000）[5]在此基础上形成了搜寻—匹配理论，重点分析技能人才技能与空缺职位的关联匹配。在工业 4.0 阶段，由于数字化技能要求提高，其技能人才技能提升速度高于企业技能需求提升速度[6]（Lawrence，2015），学者们从 STEM 毕业生就业流向[7]（Peter，2015）、高技能人才就业调查[8]（Cedefop，2015）和技能代沟定量测量[9]（Andrew，2017）等多角度证实欧美工业化国家存在严重“高技能低用”现状，关联结构匹配不当是当前主要技能问题。2014 年，欧洲职业培训发展中心 Cedefop 开始开发在 2018 年应用于欧洲所有国家的“在线职位空缺分析原型系统”，采用大数据处理技术同时收集和分析欧洲国家五国空置职位技能动态需求特征，并以此作为改善培训机制和提高技能匹配比率的决策依据，搜寻—结构匹配理论与大数据技术开始深度融合。

文献发现，技能人才与制造业关联匹配矛盾是从量变到质变的转化过程，目前国外的相关研究理论在不断升华和细致。大数据挖掘技术是深化理论成果的进一步量化，可以作为制定政策的主要量化依据，这方面的研究目前尚处于综合融合研究阶段，而这正是本书要研究的重要内容。在国内研究方面，与工业化国家不同，我国未经历工业 1.0 到 4.0 的串行智能化发展，呈现后三个阶段并行发展特征[10]（李妍，2017）。20 世纪 70 年代借助经济全球化浪潮，我国制造业迅速崛起，劳动力数量短缺，出现工业化国家 19 世纪 70 年代类似的极端“民工潮”[11]（袁亚愚，1995），学者们[12][13]（宋林飞，1995；王洪春，1997）使用唐纳德·博格推拉理论和改进刘易斯二元经济模型等理论分析我国“民工潮”现象实质是农村剩余劳动力比较利益的结果；21 世纪初，珠三角制造业出现“民工荒”与“技工荒”并存现象，蔡昉等[14]（2010）认为是“刘易斯拐点”现象，刘尔铎等[15]（2006）认为是一种包括地区、产业和技术结构等的结构性短缺。随着“中国制造 2025”战略目标的提出，数字等技能人才需求增加，与工业化国家不同的是，我国技能人才技能提升速度慢于制造业企业提升速度[16][17]（蔡昉，2012；窦争妍，2016），呈现我国特有的既存在新兴制造业人才结构性过剩与短缺，也存在高技能人才培养与新兴制造业企业实际需求脱节等多重技能问题[18]（教育部，人社部和工信部，2017）。2016年，领英率先发布基于“中国制造 2025”的大数据《中国制造人才白皮书》，宏观分析我国高技能人才与制造业的现状与关联，是制定高技能人才策略的重要参考，但信息不够细化，缺乏深入的基于人力资源理论的关联优化匹配分析，汤洋等[19]（2017）尝试从招聘信息内部细化人才与产业内部信息，目前主要集中于偏技术的情报领域，高技能人才与制造业或新兴制造业内部细化关联匹配鲜有涉及。

显然，短时期内我国制造业同样经历了工业化国家上百年发展面对的几乎所有关联技能问题，多种问题并存是合理现象，现有研究大多是基于国外经典理论的本土化改进与应用，借鉴工业化国家经验，利用大数据技术与已有人力资源理论进行融合可能是解决两者关联问题的主要途径，这方面成果已经出现，需要进一步做出理论与应用方面的提升。本书将应用人力资源理论与统计学交叉学科进一步综合提升当前的理论与应用成果，在顺应国际研究趋势的同时进一步丰富我国高技能人才与制造业关联匹配研究的相关研究成果，探索我国特有高技能人才与制造业关联匹配研究之路。其研究贡献主要体现为，第一，从微观需求角度根据制造业企业特征设计高技能人才需求偏好影响因素模型和偏好强度指数分析算法；第二，从微观截面供给角度设计制造业高技能人才供给自主流动影响因素模型和截面自主流动强度指数分析算法；第三，从微观空间供给角度设计制造业高技能人才空间热力流动图、供给流动影响因素模型和空间流动强度指数分析算法；第四，从微观角度设计制造业高技能人才截面和空间的供需匹配指数体系和供需匹配强度指数算法，形成较为系统的高技能人才供需匹配研究体系；第五，从宏观角度设计基于季节调整的春节网络招聘最优时间区段的组合循环遍历算法，在时间维度对高技能人才截面和空间供需匹配研究体系成果进行补充；第六，运用设计算法对“中国制造 2025”背景下我国四个试点示范城市群的高技能人才供需匹配进行研究，根据研究结论给出相应的对策建议，阶段性的本土研究特色显著，代表性较强，是具有中国制造业特色的高技能人才供需匹配研究成果，具有较强的实际应用价值。

第四节 研究思路

“中国制造2025”背景下，制造业领域信息化程度和技能需求迅速提升，本书将根据这种需求特征进行基于大数据的截面、空间和时间维度的关联特征与供需匹配研究，并基于研究结论，提出符合我国国情的高技能人才的引进、培育和保留战略策略。具体研究思路框架如图1-1所示。

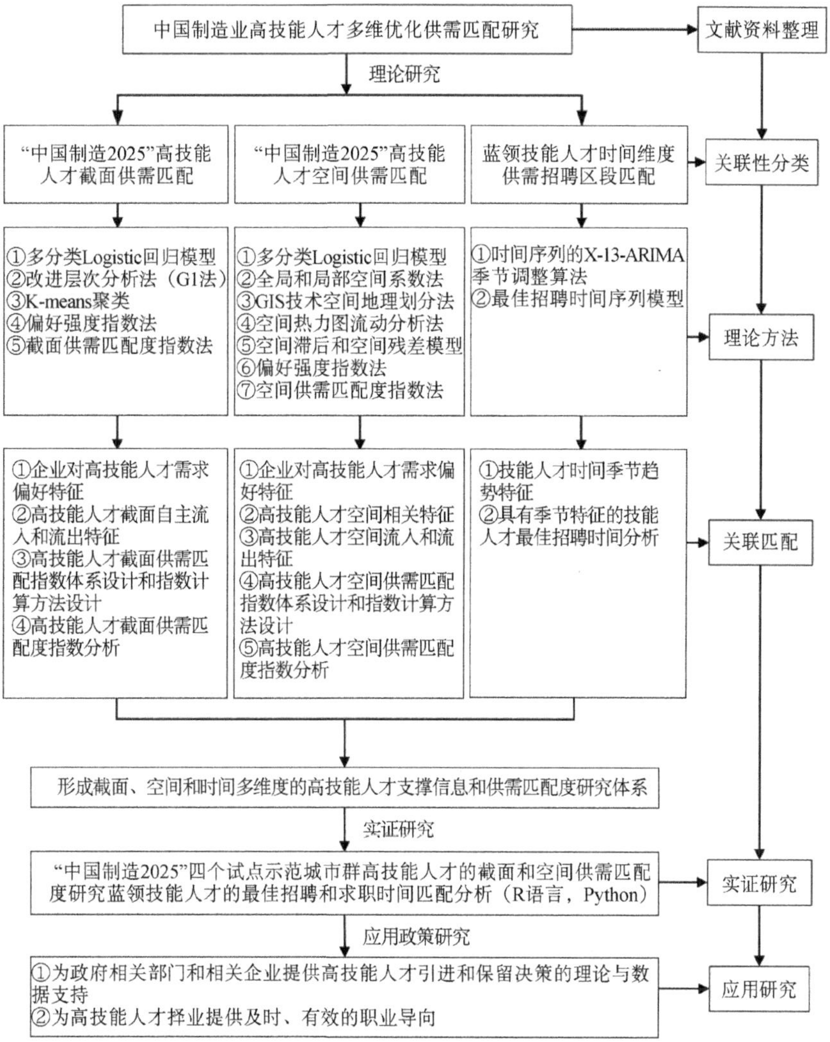

图1-1 总体研究框架

基于问题研究要求、研究方法和实证数据的可获得特征，本书研究主要从三个维度展开，即“中国制造 2025”高技能人才截面供需匹配研究、“中国制造 2025”高技能人才空间供需匹配研究和蓝领技能人才时间维度招聘需求最优区段研究，根据每一个部分的研究内容设计相应的算法和供需匹配体系，使用实际微观大数据和宏观数据进行实证研究，在检验算法可行性同时深入分析我国制造业高技能人才的供需匹配特征，并根据研究的匹配特征结论给出相应的政策建议。

第二章

“中国制造2025”背景下我国高技能人才发展现状

第一节 “中国制造2025”内涵及其解读

基于我国产业结构变革并在国际产业革命中立于不败之地，全面提升我国制造业发展水平和质量。2014 年 12 月，我国首次提出“中国制造 2025”的概念，总理于 2015 年 3 月在全国两会上第一次提出我国制造业的“中国制造 2025”宏伟计划，指出实施该宏伟计划的根本目标在于改变当前我国制造业“大而不强”的局面，经过 10 年奋力拼搏，使我国成为世界制造强国成员之一，也为 2045 年成为全球具有强领导力和强影响力的制造业强国打造坚实的基础。2015 年 5 月 19 日，国务院向全国正式发布《中国制造 2025》印刷版，我国正式进入“中国制造 2025”时代，该书提出了“中国制造 2025”的“三步走”制造强国蓝图：第一步，我国将于 2025 年进入制造强国的行列；第二步，我国制造业将于 2035 年整体达到世界制造强国阵营的中等水平；第三步，2049 年，我国制造业大国地位更加巩固、综合实力进入世界制造强国前列。“中国制造 2025”的总体结构主要包括“一、二、三、四、五、五、十”六个部分。“一”指的是从制造业大国向制造业强国转变，最终实现制造业强国的一个目标；“二”指的是通过两化融合发展实现制造业强国目标，即通过党的十八大提出的信息化和工业化两化深度融合来引领和带动整个制造业的发展，这也是我国制造业所要占据的一个制高点；“三”指的是一个“三步走”大战略，即大体上每一步用十年左右的时间来实现我国从制造业大国向制造业强国转变的目标；“四”指的是确定的四项原则，第一原则是市场主导和政府引导，第二原则是既立足当前，又着眼长远，第三原则是全面推进和重点突破，第四原则是自主发展和合作共赢；“五”指的是两个“五”，第一个“五”是指五条方针，即创新驱动、质量为先、绿色发展、结构优化和人才为本，第二个“五”是实行五大工程，即制造业创新中心建设工程、强化基础工程、智能制造工程、绿色制造工程和高端装备创新工程；“十”指的是十个先进制造业领域，包括新一代信息技术产业、高档数控机床和机器人、航空航天装备、海洋工程装备及高技术船舶、先进轨道交通装备、节能与新能源汽车、电力装备、农机装备、新材料、生物医药及高性能医疗器械（工信部装备工业司，2016）[20]。基于“中国制造 2025”先进制造业的特点，对其十大重点领域进行产业划分和解读，其划分代码和具体名称如表 2 - 1 所示。

表 2 - 1　　先进制造业行业划分分类

先进制造业	国民经济行业分类代码	国民经济行业分类名称
新一代信息技术产业	3910	计算机制造
	3920	通信设备制造
	3930	广播电视设备制造
	3940	雷达及配套设备制造
	3960	电子器件制造
	3970	电子元件制造
	6510	软件开发
航空航天装备	3741	飞机制造
	3742	航天器制造
	3743	航空、航天相关设备制造
	3749	其他航空航天器制造

续表

先进制造业	国民经济行业分类代码	国民经济行业分类名称
海洋工程装备及高技术船舶	3731	金属船舶制造
	3732	非金属船舶制造
	3733	娱乐船和运动船制造
	3734	船用配套设备制造
	3735	船舶改装与拆除
	3739	航标器材及其他相关装置制造
先进轨道交通装备	3610	汽车整车制造
	3660	汽车零部件及配件制造
	3710	铁路运输设备制造
	3730	船舶及相关装置制造
	3740	航空、航天器及设备制造
	3810	电机制造
	3832	光纤、电缆制造
	4010	通用仪器仪表制造
	4020	专用仪器仪表制造
	4041	光学仪器制造
节能与新能源汽车	4412	水力发电
	4413	核力发电
	4414	风力发电
	4415	太阳能发电
	4419	其他电力生产
	3640	电车制造
新材料	2650	合成材料制造
	2664	信息化学品制造
	2820	合成纤维制造
	3072	特种陶瓷制品制造
	3239	其他稀有金属冶炼
生物技术和化学产业	2625	有机肥料及微生物肥料制造
	2632	生物化学农药及微生物农药制造
	2760	生物药品制造
电力装备	—	—
高档数控机床和机器人	—	—
农机装备	—	—
生物医药及高性能医疗器械	—	—

需要进行说明的是，基于当前各招聘网站对先进制造业没有做出明确的分类划分，较难从爬取大数据的制造业大类中精准定位先进制造业企业，故后续实证研究中没有具体针对先进制造业企业进行研究，而是针对制造业企业整体进行高技能人才的相关供需匹配研究。

第二节 中国高技能人才定义及其现状

一、中国高技能人才定义及其含义

高技能人才是一个相对广义和综合的概念，很多学者给出了不同的定义和含义阐释，当前较为普遍的一种定义为：我国高技能人才是在生产、运输和服务等领域岗位一线，熟练掌握专门知识和技术，具备精湛的操作技能，并在工作实践中能够解决关键技术和工艺的操作性难题的人员，主要包括技术技能劳动者中取得高级技工、技师和高级技师职业资格及相应水平的人员[21]。高技能人才具有高超的动手能力、突出的创造能力和极强的适应能力三个特点。当前我国职业资格证书共分五个等级，分别为高级技师（一级）、技师（二级）、高级（三级）、中级（四级）和初级（五级），三级以上即为高级技能，具有三级以上高级技能人才为高技能人才，各级技能状况如表 2－2 所示。

表 2－2 中国技术技能等级划分标准

级别	技术等级	所需技能
一级	高级技师	能够熟练运用基本技能和特殊技能在本职业的各个领域完成复杂的、非常规性的工作；熟练掌握本职业的关键操作技能技术；能够独立处理和解决高难度的技术或工艺问题；在技术攻关、工艺革新和技术改革方面有创新；能组织开展技术改造、技术革新和进行专业技术培训；具有管理能力

续表

级别	技术等级	所需技能
二级	技师	能够熟练运用基本技能和专门技能完成较为复杂的、非常规性的工作；掌握本职业的关键操作技能技术；能够独立处理和解决技术或工艺问题；在操作技能技术方面有创新；能组织指导他人进行工作；能培训一般操作人员；具有一定的管理能力
三级	高级工	能够熟练运用基本技能和专门技能完成较为复杂的工作，包括完成部分非常规性工作；能够独立处理工作中出现的问题；能指导他人进行工作或协助培训一般操作人员
四级	中级工	能够熟练运用基本技能独立完成本职业的常规工作；并在特定情况下，能够运用专门技能完成较为复杂的工作；能够与他人进行合作
五级	初级工	能够运用基本技能独立完成本职业的常规工作

数据来源：http：//www. fbabi. com/zc/9319. html

需要说明的是，在实际研究中，多数企业在招聘过程中对技能人才的技能等级规定较少，多根据学历水平进行技能需求匹配研究。基于高学历和高技能人才的空间趋同性较高（Qian，2010）[22]，高学历和高技能人才在划分上存在较大的重叠（Florida，2014）[23]的特点，本书将从事制造行业的技能人才按招聘学历进行分级处理，大专及其以下为普通技能人才，本科及以上为高技能人才，根据这种划分标准进行高技能人才供需匹配的相关研究。

二、中国高技能人才现状

我国人社部统计分析显示，截至2021年年底，全国技能人才总量超过2亿人，高技能人才超过6000万人，比2020年增加1000多万人，技能人才占就业人员总量的比例超过26%，高技能人才占技能人才总量的30%，与发达国家40%～50%的高占比仍有一定差距，技工院校是高技能人才的主要来源，每年向生产服务一线输送近百万名技能人才（中国日报网，2022）[24]。图2－1是我国统计公有经济企事业单位平均每万名专业技术人员数[25]，高技能人才作为专业技术人员中的一部分，图2－1一定程度能够体现我国高技能人才发展状况。从图 2 –1 可以看出，我国专业技术人员处于逐渐增长发展趋势，除在 2008 年金融危机期间我国专业技术人员略有下降趋势外，到 2012 年逐渐恢复持续增长趋势，到 2017 年万名职工中专业技术人员占比达到 67.51%，一定程度体现我国高技能人才逐渐增长趋势明显。需要说明的是，2017 年后，中国科技统计年鉴不再使用公有经济企事业单位平均每万名专业技术人员数统计指标，故本书只分析到 2017 年的数据。

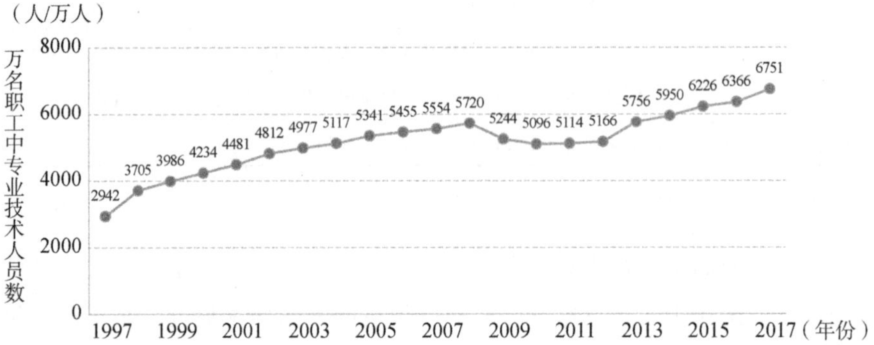

图 2 –1　公有经济企事业单位平均每万名专业技术人员数

第三章

“中国制造2025”试点示范城市群和试点示范城市的分布特点

第一节 “中国制造2025”试点示范城市群与城市空间分布

制造业是我国社会经济发展的重要依托，是我国国民经济的支柱产业，是我国经济增长的主导部门，是我国经济转型的基础，是我国城镇就业的主要渠道，是我国国际竞争力的集中体现。自总理首次提出“中国制造2025”战略决策以来，截至2019年8月，我国工信部先后共批准了12个“中国制造2025”试点示范城市和4个试点示范城市群，其数量特征如表3－1所示。

表3－1 “中国制造2025”试点示范城市和示范城市群分布图

省份	数量	入选城市
广东省	7	广州、佛山（顺德）、中山、珠海、江门、阳江、肇庆
江苏省	5	镇江、南京、常州、无锡、苏州
湖南省	4	长沙、株洲、湘潭、衡阳
河南省	3	郑州、洛阳、新乡
浙江省	2	宁波、湖州
湖北省	1	武汉
四川省	1	成都
福建省	1	泉州
吉林省	1	长春
辽宁省	1	沈阳

续表

省份	数量	入选城市
山东省	1	青岛
宁夏回族自治区	1	吴忠
安徽省	1	合肥

注：统计数据截至 2019 年 6 月，以后相关官方数据不再更新。

12 个试点示范城市分别为宁波、赣州、沈阳、泉州、长春、吴忠、武汉、成都、合肥、青岛、广州和湖州；4 个试点示范城市群分别为苏南城市群（以下简称苏南），包括南京、苏州、常州、镇江和无锡；珠江西岸“六市一区”城市群（以下简称珠江西岸），包括珠海、佛山（顺德）、中山、江门、阳江和肇庆；长株潭衡城市群（以下简称长株潭衡），包括长沙、株洲、湘潭和衡阳；郑洛新城市群（以下简称郑洛新），包括郑州、洛阳和新乡，其空间分布如图 3－1 所示。在图 3－1 中，颜色越深的区域其制造业产业越集中，颜色越浅的区域其制造业产业越稀疏，根据图 3－1，中国制造试点城市主要集中在东、南部长三角和珠三角地区的经济比较发达的地区，尤其以广东省示范城市和城市群比较聚集，西北和东北地区相对较少。

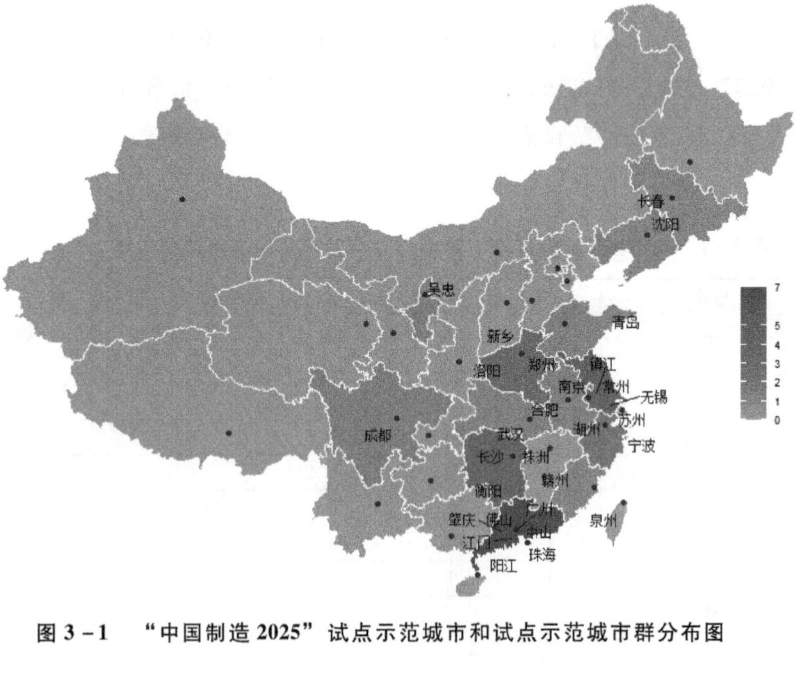

图 3－1 “中国制造 2025”试点示范城市和试点示范城市群分布图

第二节 制造业试点示范城市群特点

在确定为试点示范城市群的战略部署条件下，各试点示范城市群分别规划出其制造业发展战略，形成各具特色的制造业产业发展城市群。苏南试点示范城市群根据《中国制造2025江苏行动纲要》构建的制造业发展战略目标为：建设具有江苏特点和苏南特色的新型制造体系[26]；珠江西岸试点示范城市群的战略目标为：以珠海和佛山为"双龙头"、其他各市优势互补，形成错位发展的一种产业带发展建设新格局；长株潭衡试点示范城市群实施的发展战略为：以长沙为"麓谷"、株洲为"动力谷"、湘潭为"智造谷"和衡阳为"老工业基地转型升级示范区"的协同错位发展格局；郑洛新试点示范城市群的发展战略为：力争高度契合主导产业与"中国制造2025"重点发展领域，重点显示郑洛新试点示范城市群为重工业和老工业基地特点，以发展高端装备制造和汽车制造等为主导的发展格局。

一、苏南试点示范城市群

2016年10月，苏南五市（南京、苏州、常州、镇江和无锡）被国家制造强国建设领导小组同意批准成为"中国制造2025"试点示范城市群，简称苏南示范城市群。在此利好政策条件下，江苏省制定《中国制造2025江苏行动纲要》，期望构建具有江苏特点和特色的苏南新型制造业体系[26]。初步发展战略为重点发展集成电路及专用设备、云计算大数据和物联网、软件及信息服务、智能制造装备、航空航天、先进轨道交通装备、新能源、节能环保、新能源汽车、智能电网、新材料、医疗器械和生物医药等特色产业，逐步建成一批拥有世界一流技术、一流标准、先进产品、一流品牌和企业的地标性产业，引导企业关注价值链环节的高端部分，提高制造装备转型升级速度，加速集成应用信息和低碳技术与制造技术，推动传统产业（如机械、石化、冶金、纺织、轻工、建材等）向智能化、绿色化和品牌化高端方向发展，支持企业线上线下互动加快商业模式和服务业态创新，配套发展各类生产性服务业，融合工业设计、现代物流、金融服务、科技服务、商务服务、信息技术服务、电子商务和节能环保服务等生产性服务。其具体基本格局如下。

（1）以南京作为重要试点区域，探索离散型智能制造模式的建设和个性化新模式的定制，加快突破新材料制造和高档数控机床研制等高端装备和先进技术等高端装备制造业的发展壁垒；牵头建设软件及信息服务、智能电网和智能制造装备产业集群；重点调整优化本市的石化产业布局，淘汰落后低效产能产业，加速引导产业向新材料产业转型升级；加强国际产能与高端装备制造的合作，构建多层次的产业国际交流新平台，促进苏南试点示范群高端制造业的国际化发展。

（2）以苏州作为第二个重点探索区域，进行离散型智能制造模式和流程型智能制造模式的尝试建设，同时试建远程运维服务模式，将高端装备的核心基础零部件作为针对性的重点突破点[26]，重点研制精密重载数控机床制造、机器人系统设计与制造、新材料制造等装备，领头进行新材料（纳米材料）、新能源汽车、医疗器械和生物医药等新型制造业产业的集群建设；重点加速推进冶金行业的技术突破工作，建设具备国际优势的创新型和节能环保型的新冶金产业基地；深入开展苏州工业园区的国家开放创新综合试验区与昆山的产业合作试验。

（3）以无锡市作为第三个重点探索区域，进行离散型智能制造模式和流程型智能制造模式的尝试建设，同时试建远程运维服务模式，有针对性地对“两机”基础材料和零部件进行重点技术突破，并作为领头人建设集成电路专用设备、云计算大数据和物联网、新能源（风电）和节能环保产业集群；组织开展“百万吨节能量”工程实施，着力探索建立排污权、能权、水权和碳排放权的初始分配制度，着力重点实施对本市的纺织行业的智能化改造，有序推广其先进的服务型制造优质新模式；以石墨烯等先进碳材料作为重点突破领域，领头建设新材料（石墨烯及应用）、新能源（光伏）和智能制造装备（先进轨道交通装备）的产业集群，探索有序推进“电商+个性化定制”和“产业联盟+总集成总承包”的新双服务模式。

(4) 以镇江作为第四个重点探索区域，主导建设流程型智能制造模式，领头着力建设新材料（碳纤维）和航空航天产业集群，以无人机整机装备为重点研制对象，着力推进国家工业绿色转型发展的试点城市建设；以国家级军民融合产业示范基地为依托，加快促进产业集聚，提高制造业产业集群发展速度。

(5) 以常州作为改革综合试点持续推进科技体制改革，重点研制高速列车高性能制动盘、牵引系统和1000千伏特高压变压器，加快产业化各种创新成果。为了快速提升中小企业竞争力，加强实施“建设众创空间、孵育创业企业、培育创业主体、建设投融资体系、提升创业服务和营造创业文化”的六大中小企业扶持行动，有力推动协同制造、个性化定制、人工智能发展、众包设计和云计算等制造业发展新模式。

在高技能人才引进方面，苏南试点示范城市群发挥其地区高校院所聚集、制造业相关重点学科发展领先、综合科研实力强等明显优势，着力自主培养创新型企业家、高科技领军人才和高技能人才，推行现代新型的学徒制，选择苏南地区一批重点的中、高职业院校与相关制造业企业合作，组成“校企合作示范组合”，在此基础上，设计并构建劳动者终身职业培训体系，自主重点培养一批高素质工匠技能人才，为制造业的发展做好人才储备。同时，苏南试点示范城市群加大力度引进制造业人才，制定并实施顶尖人才顶级支持计划、首席国外专家项目、新一轮“凤还巢”和“双创计划”及江苏“外专百人计划”，开展“百名海外博士苏南行”和“海外华侨华人高层次人才苏南行”等人才引进和保留活动，探索外籍高层次人才特殊便利政策，使其在签证、停留居留、入境出境和永久居留等方面享受更便利的去留政策，利用便利政策优势吸引国际产业科技前沿领军人才，进一步吸引国家“千人计划”人才将先进技术和高技术项目带到苏南试点示范城市群，促进该试点示范城市群制造业高速发展。

二、珠江西岸试点示范城市群

2016年9月，珠江西岸被工信部正式批复成为“中国制造2025”试点示范城市群。根据《珠江西岸创建“中国制造2025”试点示范城市群实施方案》和《珠江西岸先进装备制造产业带布局和项目规划（2015—2020年)》的内容，珠江西岸在2025年的预期目标是：制造业的发展水平力争能够进入全球制造业先进水平行业，达到与德国制造业“同场竞技、同步赛跑”的水平，尽力使珠江西岸成为具有国际竞争力和世界影响力的先进制造业基地，成为我国制造业转型升级中先行先试的成功经验，珠江西岸试点示范城市群是具有典型研究代表性的制造业试点示范城市群。珠江西岸试点示范城市群主要从以下10个产业进行空间布局[27]。

1. 智能制造装备业

以珠海、佛山、中山和顺德等市区为重点，以国家级和省级特色基地为依托，着力发展当前的珠海国家高新区、佛山国家高新区和中山智能化数控加工装备等园区和基地，将其区位优势与资源禀赋紧密结合，高度集聚发展各园区的特色主导产业，加速拓展园区之间各具特色优势、产业和技术分工互补的协同和联动的发展新局面，建设我国先进的智能制造装备产业高地。

2. 汽车及新能源汽车制造

以佛山为中心，以佛山高新区等重点园区为依托推动整车制造发展，以珠海、中山、江门和肇庆等城市为辅助支撑，以珠海三灶工业园、中山的新能源机车基地、高端汽车配件基地、特种改装车基地和汽车维修装备基地、中欧（江门）中小企业国际合作区（核心区）、台山工业新城和广东肇庆（高要）汽车零部件产业园等重点园区和制造基地为依托，着力发展汽车零部件配套制造体系，逐步形成“一核、多点”的汽车全产业链发展的大格局。

3. 海洋工程装备与船舶

以珠海市为中心，以中山、江门和阳江等市作为支撑，以银洲湖中小型船舶基地、高栏港深水海洋工程装备和翠亨海洋工程装备等基地为依托，着力推动海洋工程装备、海洋开采支持装备、海洋工程辅助船、港口机械、海上钻井采油平台配套设备、游艇和船用发动机等制造产业的发展，建设海洋工程装备与特种船舶产业基地。

4. 轨道交通装备

以珠海市富山工业园、江门市轨道交通装备产业基地和佛山市现代有轨电车车辆制造基地为依托，重点发展城际、城轨和低地板车辆的制造、保养、修理业务，加快研制具有自主知识产权的新车型，着力延伸产业链，创建城际轨道交通装备国家标准，实现和谐号动车组多元化发展。

5. 节能环保装备

以顺德技能环保产业聚集区、佛山节能环保装备基地和肇庆启迪节能环保装备制造产业园为依托，以污染物在线监测、废弃物处理与资源综合利用和节能产业与装备等领域为重点发展产业，加快推进再生资源清洁化回收、规模化利用和产业化发展的环保产业链，重点建设具有高科技特色的节能环保产业特色基地。

6. 新能源装备

以中山为中心，以江门、阳江为辅助支撑，以中山的风力发电装备基地、光伏发电装备基地、智能电网装备基地和核电配件装备等重要基地和江门台山清洁能源（核电）装备产业园为依托，以风电整机装备制造带动相关配套零部件发展，提高光伏发电装备、智能电网装备、核电配套装备生产能力和技术水平。

7. 通用航空装备

以珠海航空装备产业基地和珠海（阳江万象）产业转移工业园为依托，持续将通用航空的制造和服务作为发展首选，将飞机零部件加工制造、飞机总装试飞、通用航空相关技术研发、飞机维修和航空服务等行业作为重点研究和发展对象，着力将其建设成为具备一定区域影响力的先进的通用航空装备基地。

8. 新一代信息技术

以珠海、佛山、中山和江门等市为核心圈，培育珠海、中山集成电路高端设计产业集聚区，支持佛山围绕新一代信息技术引进具有核心地位的龙头企业，辐射、延伸并建立产业链，成长壮大成为新支柱产业，支持中山广电装备与产品制造基地、珠海南方集成电路设计服务中心建设，推动集成电路设计业、制造业、封装测试业及终端应用的多缓解协同合作发展。

9. 生物产业

依托中山国家健康科技产业基地、珠海三灶生物医药产业基地、佛山生物医药科技园和国家医疗器械产业基地及顺德广东（顺德）国际生命健康产业示范区等园区和基地，进一步建设完善的生物产业基地和园区，将珠江西岸试点示范城市群建设成生物医药优势特色产业带。

10. 新材料产业

以佛山、珠海、中山、江门、肇庆和阳江等市的新材料产业基地或园区为依托，重点发展镍合金和镁合金等高端精品钢材，船舶、地铁车体用增强铝合金材料，高端稀土功能材料和新型电子材料，着力打造新材料专业化生产研发基地[27]。

高技能人才战略方面，开展制造业“高端人才聚集工程”。深入实施广东省“珠江人才计划”“扬帆计划”和“广东特支计划”等国家及区域重大人才计划，依托各地产业园区、基地中心，组织开展海外专家南粤行、海外人才招聘推介洽谈会等活动，引进一批海外高层次领军人才和创新创业团队。开展“珠江西岸制造业领军人才培养项目”，安排一定比例的人员和经费用于制造业人才培养，并纳入项目实施评价考核体系。鼓励和支持各创新主体面向珠江西岸制造业重点领域，着力打造一批国家级博士后科研工作站和省级创新实践基地，加强推动产学研合作计划，引导和激励制造业相关企业与本地、本省乃至全国的高等院校、职业学校紧密合作，根据珠江西岸试点示范城市群先进制造业的重点行业，自主打造一批培养紧缺技能人才的高能培训基地，设计并实施“定岗”和“定向”等多种针对性的实用且先进的技能培训模式。着力加强本地技术职业院校与相关制造业企业的紧密合作，校企共建高模拟的校外实习、实训基地以及无缝衔接的生产实训基地，逐步实现每个重点制造业基地均有至少 1 所职业院校对口，职业院校将针对对应制造业企业特征开设相关特色专业，实现技能人才的按需产出。截至 2019 年，该试点示范城市群联合培育相关制造业技能人才共 108 万人次，相对 2016 年增长了 20%，技能人才中高技能人才约 38 万人，占比 35%，省级创新实践基地和博士后科研工作站共 130 个，“广东特支计划”和“扬帆计划”引入的制造业行业技能人才总数比 2016 年增长约 50%（经济日报，2017）[28]。

三、长株潭衡试点示范城市群

2016 年 11 月 30 日，“长株潭”城市群被工信部正式批复创建为“中国制造 2025”试点示范城市群，2017 年 4 月，衡阳市被批复纳入“长株潭”试点示范城市群，形成“长株潭衡”试点示范城市群，成为我国中部制造业崛起的“引擎”之一[29]。根据湖南省政府在 2017 年 6 月发布实施的《长株潭衡“中国制造 2025”试点示范城市群建设推进计划（2017—2019）》，长株潭衡试点示范城市群将形成以长沙的“麓谷”、株洲的“动力谷”、湘潭的“智造谷”和衡阳“老工业基地转型升级示范区”构成的制造业产业新格局，将中部制造业逐步推向智能化、网络化、绿色化和服务化的四化发展战略中。其具体以城市为中心的工业布局如下。

1. 长沙

以新一代信息技术产业、新材料、新能源汽车、工程机械和动力电池、先进装备制造、生物医药及医疗器械等产业为重点发展产业，着力建设一批高度匹配的产业链，即自主可控计算机及信息安全、碳基材料、显示功能材料、工程机械、新型轻合金、人工智能及传感器、基因技术及应用、空气治理技术及应用、装配式建筑和3D打印及机器人等先进产业链。

2. 株洲

以电子信息、先进轨道交通装备、节能与新能源汽车、新材料、新能源、航空装备、生物医药及医疗器械等产业为重点发展对象，着力建设一批高度匹配的产业链，即IGBT大功率器件、先进轨道交通装备、先进新能源装备、优质硬质材料、先进航空航天和中药等新型产业链。

3. 湘潭

以电力装备、汽车及零部件和节能环保装备等产业为重点发展对象，着力建设新能源装备、储能材料及电动汽车产业链等。

4. 衡阳

以高性能医疗器械、新材料和生物医药及产业为重点发展对象，着力建设中药和化工新材料产业链等[30]。

高技能人才战略方面，长株潭衡试点示范城市群重点从引进产业高端人才和培养实用技能人才两方面着力，为试点示范城市群提供人才和智慧支撑。通过实施科技领军人才计划、重点领域人才培养计划和现代企业家培育计划，使人才引进、激励和使用制度更加完善，引进一批服务于制造业的现代管理人才和高级技术人才，逐步形成长株潭衡特色的企业家精神，培养一批高水平的职业技能人才，打造一批行业背景突出、区域特色鲜明、培养定位准确和需求结合密切的人才培养基地。

四、郑洛新试点示范城市群

2017年5月，“中国制造2025”郑洛新试点示范城市群被工信部正式批复同意创建。在“中国制造2025”战略背景下，河南省政府规划郑洛新试点示范城市群的战略格局为：逐步形成郑州、洛阳和新乡三市互动合作的协同创新机制，着力打造协同和错位发展的制造业发展新格局，承担起内陆地区制造业参与国际合作探索模式的重大链接使命，使其成为中、西部地区制造业转型升级的优质样板。

郑州、洛阳和新乡三市拥有中铁装备、中信重工、中国一拖、郑州宇通客车、新乡华兰生物等领跑全国的大个头制造名片，三市有300多家制造业企业销售量超过10亿元，其中约有20家制造业企业超过100亿元。基于需要高度契合“中国制造2025”重点发展领域，各市以自己的突出产业为重点发展对象，进行制造业智能化转型升级。在具体的城市产业布局中，郑州重点建设电子信息、新型材料、生物医药和汽车及装备制造等先进制造业产业；洛阳重点建设以高端装备制造、新型材料、电子信息为主导的新型产业群；新乡重点建设国务院认定的产业体系完善的老工业基地，着力建设生物医药、高端装备和新能源等新型制造业产业。相对于苏南和珠江西岸试点示范城市群的制造业产业布局新特点，郑洛新试点示范城市群的产业布局相对不够成熟。

在高技能人才战略方面，郑洛新试点示范城市群加速推进该区域的“创新引领型人才专项行动计划”，提高郑洛新试点示范城市群高层次科技领军人才的有效集聚速度，使引入的高层次创新人才约占河南省相关人才的80%以上。同时，郑州、洛阳和新乡三市近年有效推进“河洛英才计划”“牧野人才计划”和“智汇郑州1125聚才计划”等一揽子人才引进策略，帮助郑洛新试点示范城市群引入约300个海内外创新创业人才或团队，其中79个为具有领军作用的优秀团队，14名为多策略引进的两院院士，52名为国家“千人计划”和“万人计划”专家，其中197个创新创业项目主要针对电子信息、生物医药和新材料等新型制造业领域的本区重点建设的产业项目[31]，不断为试点示范城市群的制造业发展提供高技能人才支撑。

综合来看，以上四个试点示范城市群覆盖了我国东部、南部、中部和西部地区，覆盖面较广，个性特色鲜明，东南部试点示范城市群发展相对较为成熟，战略格局比较高远，中部和西部地区的试点示范城市群基本处于建设初期，发展相对不够成熟，其战略布局相对不够高远，但综合体现了国家在“中国制造 2025”战略的制造业产业空间布局特点，具有较强的制造业发展特色和研究代表性。本书将以以上四个“中国制造 2025”试点示范城市群的制造业企业和高技能人才为主要研究对象，以制造业企业对高技能人才的需求偏好和高技能人才的流动特征为主要研究内容，形成高技能人才的供需匹配指数体系，对高技能人才的供需匹配度进行深入研究，在不断丰富已有的相关研究成果的同时，为政府相关部门的高技能人才引育战略提供理论支撑和决策依据。

第四章

“中国制造 2025”试点示范城市群企业高技能人才需求偏好研究

第一节 高技能人才需求偏好研究现状

2015 年提出“中国制造 2025”战略决策以来，截至 2022 年，我国建设了四个重要的制造业试点示范城市群，即苏南、珠江西岸、长株谭衡和郑洛新，促进了我国从“中国制造”向“中国智造”的快速提升。高技能人才是加速实现这一目标的重要人力资源保证，试点示范城市群企业的高技能人才需求偏好特点是制定区域人才引进和保留措施的重要依据。

作为制造业大国，我国制造业高技能人才问题一直是社会重点关注的问题，在制造业企业高技能人才需求偏好方面，学者们多从人力资源管理角度（白滨，2021[32]；张燕军，2022[33]）进行高技能人才选择方法研究。随着数字技术、人工智能和低碳环保等新技术和新理念的不断融合，学者们开始从新的角度关注行业对高技能人才的需求偏好特征。Balsmeier (2019)[34]和赵宸宇（2022）[35]从企业数字化转型角度研究发现，数字化转型可以提高企业的高技能人才和高学历人才的比例，数字化转型企业对高技能人才有较强的需求偏好；王锋（2022）[36]等从绿色低碳环保的角度研究发现，绿色低碳城市试点政策通过企业的产出效应能够同时促进高技能和低技能人才的就业，低碳转型企业对高技能人才的需求偏好增强；李强（2022）[37]等从人工智能的角度研究发现，人工智能的前向关联行业通过岗位更迭效应和技术溢出机制对高技能人才就业产生显著的拉动作用，前向关联行业对高技能人才需求偏好增加，Yang（2022）[38]使用关键字匹配方法研究得出人工智能技术使得台湾电子公司的大专及以下学历技能人才占比下降，高技能人才需求增加。将人工智能与制造业行业结合，韩民春（2020）[39]和李新娥（2021）[40]等研究认为，人工智能技术应用与制造业企业的员工规模、技术人员结构比例和员工学历水平均呈现显著的正相关关系，人工智能技术对制造业企业员工存在一定程度的普通技能人才的替代效应，提升对高学历和高技能人才需求偏好，优化制造业企业的员工结构。同时，学者们（吕世斌，2015[41]；Tschang，2021[42]）研究成果一致显示，基于人工智能等新技术和新经济平台的介入，制造业行业就业存在极化现象，相对于中等技术人才占比水平，对高技术和低技术人才的占比相对明显增加，制造业行业对高技能人才需求偏好趋势增加，进一步研究显示，我国这种劳动力就业极化现象存在区域差异，东南地区呈现高技能人才偏向型，西部地区非技能型人才需求偏好特征明显（江永红，2016）[43]。

综合来看，我国新经济、新技术和新平台的出现较大地提升了相关企业对高技能人才需求偏好程度。作为高技能人才聚集的制造业城市群的高技能人才需求偏好特征鲜有人提及，在当前研究基础上基于制造业城市群企业特征的高技能人才需求偏好研究能够较好地厘清我国重点制造业区域的高技能人才发展状况以及由此衍生的制造业区域发展特色。本章研究的主要内容为：第一，根据我国“中国制造2025”试点示范城市群制造业企业的分布特点进行高技能人才需求特征分析，是具有中国制造业行业特色的高技能人才区域特征分析，阶段性的本土研究特色显著；第二，从企业规模和企业类型角度，采用多分类Logistic因子、非因子和交叉因子回归模型和大数据思想，从大数据的微观角度对制造业企业的高技能人才需求偏好进行研究，能够从区域角度进一步细化制造业企业高技能人才的需求偏好特征和产业发展特点；第三，采用偏好强度指数法对企业高技能人才偏好程度进行综合评价研究，能够对企业高技能人才需求偏好强度进行因素分析，有助于从高技能人才需求角度为区域高技能人才需求提供匹配决策依据，为高技能人才的引进、培养和保留决策提供理论决策导向。

第二节 数据特征与方法设计

本书选择智联招聘企业招聘数据进行规模企业和类型企业的高技能人才需求偏好分析，使用八爪鱼爬虫工具在智联招聘网站爬取2020年9—11月我国四个“中国制造2025”试点示范城市群的生产、加工和制造行业的共37009条企业招聘的技能人才数据。其中，苏南试点示范城市群9930条，珠江西岸试点示范城市群9452条，长株潭衡试点示范城市群7899条，郑洛新试点示范城市群9728条。企业招聘一般基于学历进行招聘，对技能证书有明确要求的较少，基于高学历和高技能人才的空间趋同性较高（Qian，2010）[22]，高学历和高技能人才在划分上存在较大的重叠（Florida，2014）[23]的特点，本书选择学历作为高技能人才等级变量，将从事制造行业的技能人才按招聘学历进行分级处理，大专及以下为普通技能人才，本科及以上为高技能人才，将学历作为分析技能人才的核心解释变量，按学历程度将其划分为四种类型，即大专及以下、本科、硕士和博士。数据的基本特征和编码规则如表4－1所示。

表4－1 企业招聘数据描述性统计情况

变量类型	变量名	变量编码	均值	标准差	最小值	最大值
被解释变量	企业规模	1＝100人以下；2－100－1000人；3＝1000人及以上	1.767	0.691	1	3
	企业类型	1＝股份制企业、合资、外商独资、上市公司、港澳台公司、社会团体、学校/下级学院、事业单位、代表处、其他；2＝民营企业；3＝国企	1.694	0.520	1	3

续表

变量类型	变量名	变量编码	均值	标准差	最小值	最大值
核心解释代理变量	学历	1 = 普通技能人才（大专及以下）；高技能人才（2 = 本科；3 = 硕士；4 = 博士）	1.241	0.475	1	4
解释变量	工作年限	1 = 1 年及以下；2 = 1 年 ~ 3 年；3 = 3 年 ~ 5 年；4 = 5 年以上	1.94	0.894	1	4
	招聘薪酬	—	7.659	5.446	1 千元	125 千元

数据来源：智联招聘网爬取数据整理，模型变量均以第 1 类为参照类。

根据表 4 - 1，本书主要从企业规模和企业类型两个方面分析制造业企业的高技能人才需求偏好。对于企业规模，结合我国按员工人数的企业规模划分标准和智联招聘网的企业规模分类特点，本书将企业按员工人数划分为三种类型，即 1000 人以上的为大型企业（编码为 3），100 ~ 1000 人的为中型企业（编码为 2），100 人以下的为小型和微型企业（简称小微企业，编码为 1）。对于企业类型，本书主要关注国营企业和民营企业的技能人才需求偏好，将企业按其所有制性质分为国营企业（编码为 3）、民营企业（编码为 2）和其他类型企业（编码为 1）。工作经验和期望薪酬（简称"薪酬"）也是企业在技能人才选择过程中需要考虑的重要因素，选择工作年限和薪酬作为控制变量。

基于数据的离散特征和企业规模、企业类型被解释变量的多分类结构，本书采用多分类 Logistic 模型对其进行基于需求偏好优势比的企业高技能人才需求偏好的影响分析。以企业规模的技能人才需求偏好为例，设企业规模共有 k 种类型，以第一类的小微企业为基线 - 类别，对剩下的 $k-1$ 个类别构建 $k-1$ 个 Logistic 回归方程，其中第 i 类的 Logistic 回归模型如式（4 - 1）。

$$\ln\left(\frac{p_i}{p_{\text{小微类型}}}\right) = \beta_{i0} + \sum_{j=1}^{m} \beta_{ij} x_j, \quad i = 2,3,\cdots,k \tag{4-1}$$

其中，左侧为第 i 类企业规模（p_i）相对于第一类小微规模类型概率（$p_{\text{小微类型}}$）的技能人才需求偏好优势比对数，第 i 类企业规模为中等企业规模和大型企业规模，此时将形成基于小微企业规模的 $k-1$ 个 Logistic 回归方程。x_j 为核心解释变量和控制变量，β_{ij} 为第 i 类模型的第 j 个变量的系数；$e^{\beta_{ij}}$ 为第 i 类企业规模相对于第一类小微企业规模的技能人才需求偏好优势比，是本书分析技能人才需求偏好的重要指标工具。β_{i0} 为第 i 个模型的截距，即为基类（第一类）的系数，基于基类的基准性，可以不用考虑截距项，故在模型结果中不列出截距项。

在式（4－1）的基础上采用式（4－2）可得出基类 $p_{小微类型}$ 的发生概率。

$$p_{小微类型} = 1 - \sum_{i=1}^{n-1} p_i \tag{4-2}$$

其中，n 为企业规模类型个数。

根据调查数据特征，各变量均为离散分类变量，可将该分类变量转换为因子变量。本书将根据因子变量和非因子变量两种变量模型结构进行影响分析，非因子变量体现各解释变量对被解释变量的综合影响，单因子模型、多因子模型和交叉因子模型能在非因子模型的基础上进一步分析因子内部各分类对被解释变量的影响特征，即通过这两类模型能从整体和内部两个方面分析各种规模和各种类型企业对高技能人才的需求偏好特点。

本书在类型企业的技能人才需求偏好的分析中，因子模型中影响因素均以第一类作为参照组，其影响因素分析模型与式（4－1）结构基本相似。

第三节 试点示范城市群高技能人才需求偏好分析

在示范城市群规模企业高技能人才需求偏好中，本书根据我国示范城市群的区域分布特点进行分析，即分别对苏南、珠江西岸、长株潭衡和郑洛新四个试点示范城市群企业的高技能人才需求偏好进行对比分析，根据试点示范城市群的高技能人才需求偏好特点，进一步分析我国制造业高技能人才的区域需求特征。

一、苏南试点示范城市群企业高技能人才需求偏好

1. 规模企业的高技能人才需求偏好

运用以上方法原理对规模企业高技能人才需求偏好特征进行分析。将被解释变量规模企业分为三种类型，即大型企业、中型企业和小微企业。以式（4－1）模型为基础，将模型分为三种类型，第一类为非因子模型，第二类为带控制变量的多因子模型，第三类为不带控制变量的学历单因子模型，其他制造业示范城市群的规模企业技能人才需求偏好分析采用相似的分析原理。第三类以学历为核心解释变量的单因子模型的残差标准差与AIC统计量分别为19628.41和19644.41，第一类非因子模型的残差标准差与AIC统计量分别为19532.75和19548.75，第二类多因子模型的残差标准差与AIC统计量分别为19430.55和19462.55，残差标准差与AIC统计量均表现出较优的模型拟合特征。本书在核心解释变量学历影响的基础上，对多因子模型（第二类）进行较为细致的规模企业技能人才需求偏好需求分析。模型影响因素分析结果如表4－2所示。

表4－2 规模企业技能人才需求偏好模型系数与需求偏好优势比

变量	非因子模型（1）		多因子模型（2）			单因子模型（3）	
	中型	大型	因子变量	中型	大型	中型	大型
学历	－0.022 (0.978)	0.179*** (1.196)	本科	－0.008	0.263*** (1.301)	0.087	0.357*** (1.429)
			硕士	0.102	0.428* (1.534)	0.166	0.716*** (2.047)
			博士	－0.948* (0.388)	－2.293* (0.101)	－0.799	－1.595 (0.203)
工作经验	0.127*** (1.136)	－0.120*** (0.887)	1～3年	0.023	－0.704*** (0.495)		
			3～5年	0.179** (1.196)	－0.326*** (0.722)		
			5年以上	0.560*** (1.751)	－0.043		
薪酬	0.011 (1.011)	0.050*** (1.051)	薪酬	0.008	0.042*** (1.043)		

注：以小微型企业为基准类，*、**、*** 表示在0.05、0.01、0.001的显著性水平下显著。

根据表 4 - 2，规模企业对基于学历分级的高技能人才需求偏好具有稳定性不足特征。非因子模型显示，相对小微企业，学历对大型企业的技能人才需求偏好有显著影响，对中型企业表现不显著。单因子模型显示，大型企业对本科和硕士学历的高技能人才表现显著的正向需求偏好，其需求偏好优势比分别为 1.429 和 2.047，显著大于 1。添加控制变量的多因子模型显示，控制变量对类型企业的基于学历分级的技能人才需求偏好特征影响较大，相对于小微企业，大型企业对本科和硕士学历高技能人才正向需求偏好程度减弱，提高了对大专及以下学历普通技能人才的显著正向需求偏好，具体体现为博士学历高技能人才需求偏好优势比为 0.101，显著小于 1；中型企业表现为对大专及以下学历的普通技能人才的正向需求偏好由不显著变为显著。规模企业对高技能人才需求偏好不够稳定。

从控制变量的影响程度来看，大型企业正向需求偏好 1 年以下工作经验的技能人才，中型企业较正向需求偏好 3 年及以上工作经验的技能人才。综合学历和工作经验的多因子影响效果，苏南示范城市群中大型企业正向需求偏好本科和硕士学历应届毕业生的高技能人才，中型企业正向需求偏好具有多年工作经验的普通技能人才。大型企业有一定的招聘薪酬优势。

基于苏南试点示范城市群规模企业对基于学历分级的高技能人才需求偏好的不稳定性特征，进一步使用基于学历和工作经验作为核心解释变量的交叉因子模型进行综合分析，交叉因子模型能够在分别分析学历和工作经验影响的同时，分析学历和工作经验的交互影响，其模型的残差标准差与 AIC 统计量分别为 19398.86 和 19466.86，与第二类多因子模型的相应统计量值相当。模型具体分析结果如表 4 - 3 所示。

表 4 - 3 规模企业技能人才需求偏好交叉因子模型系数与需求偏好优势比

因子变量	中型企业	大型企业	因子变量	中型企业	大型企业
本科	0.063	0.144	3 ~ 5 年本科	-0.115	-0.116
硕士	0.455	0.220	5 年以上本科	0.142	0.585 * (1.794)

续表

因子变量	中型企业	大型企业	因子变量	中型企业	大型企业
博士	-0.804	-1.666	1~3年硕士	-0.390	1.125* (3.081)
1~3年	0.057	-0.809*** (0.445)	3~5年硕士	-0.928* (0.395)	-0.977
3~5年	0.221** (1.248)	-0.239* (0.788)	5年以上硕士	-0.944	0.846
5年以上	0.502*** (1.652)	-0.336	1~3年博士	-0.848	-9.055*** (0.000)
薪酬	0.008	0.041***	3~5年博士	0.549	-9.064*** (0.000)
1~3年本科	-0.142	0.337	5年以上博士	-0.524	-10.039*** (0.000)

注：表中基准类和标注符号意义同表4-2。

交叉因子模型与多因子模型比较显示，苏南试点示范城市群企业对高技能人才的工作经验表现出稳定的需求偏好。结合学历和工作经验的具体需求偏好特点看，大型企业比较正向需求偏好本科学历且具有5年以上工作经验和硕士学历且具有1~3年工作经验的高技能人才，其需求偏好优势比分别为1.794和3.081，对博士学历高技能人才显著负向需求偏好。中型企业对高学历高技能人才负向需求偏好，比较正向需求偏好具有一定工作经验的技能人才。

2. 类型企业的高技能人才需求偏好

在分析各种类型企业的技能人才需求偏好过程中，将被解释变量类型企业分为三种类型，即国营企业、民营企业和其他类型的企业，以其他类型企业作为参照组。采用规模企业技能人才需求偏好分析模型相似的类型设置，将模型分为非因子、多因子和单因子三种类型，以学历为核心解释变量。根据以上分析过程得到的三种类型企业的技能人才需求偏好模型分析结果如表4-4所示。

表 4－4　类型企业技能人才需求偏好模型系数与需求偏好优势比

非因子模型（1）			多因子模型（2）			单因子模型（3）	
变量	民营企业	国营企业	因子变量	民营企业	国营企业	民营企业	国营企业
学历	－0.182 *** （0.834）	0.656 *** （1.927）	本科	－0.168 ** （0.846）	0.668 *** （1.950）	－0.217 *** （0.805）	0.514 *** （1.672）
			硕士	－0.435 ** （0.647）	1.543 *** （4.679）	－0.478 *** （0.620）	1.431 *** （4.182）
			博士	－0.459	0.612	－0.547	0.333
工作经验	－0.052 * （0.950）	－0.182 * （0.834）	1～3 年	0.030	－0.164		
			3～5 年	－0.035 （0.965）	－0.483 * （0.617）		
			5 年以上	－0.288 ** （0.750）	－0.392		
薪酬	－0.007	－0.025	薪酬	－0.005	－0.023		

注：以其他类型企业为基准类，*、**、*** 表示在 0.05、0.01、0.001 的显著性水平下显著。

根据表 4－4，类型企业对基于学历分级的高技能人才需求偏好具有稳定性特征。非因子模型显示，学历对类型企业的技能人才需求偏好有显著影响。单因子模型显示，相对于其他类型企业，国营企业对本科和硕士学历的高技能人才正向需求偏好显著，其需求偏好优势比分别为 1.672 和 4.182，民营企业对大专及以下学历的普通技能人才正向需求偏好显著，具体表现为民营企业对本科和硕士学历高技能人才需求偏好优势比分别为 0.805 和 0.620，显著小于 1。添加控制变量的多因子模型显示，控制变量对类型企业的基于学历分级的技能人才需求偏好影响较小，相对于其他类型企业，国营企业和民营企业对技能人才需求偏好保持在比较稳定的水平，需求偏好差异程度不大。各类型企业之间的工作经验技能人才需求偏好差异和招聘薪酬差异不显著，体现企业更偏向基于学历条件识别高技能人才。

综合来看，苏南制造业试点示范城市群中企业的技能人才需求偏好与企业规模和类型有一定关联。从关联程度和范围看，与类型企业关联程度强度较大且稳定，与规模企业关联程度相对较弱且稳定性不足。综合类型企业和规模企业基于学历分级的技能人才需求偏好特点，大型企业或国营企业对本科和硕士学历的高技能人才表现出较强的正向需求偏好，民营企业对大专及以下学历的普通技能人才表现为显著的正向需求偏好。

二、珠江西岸试点示范城市群企业高技能人才需求偏好

1. 规模企业的高技能人才需求偏好

采用苏南试点示范城市群相似的模型设计过程和分析思路，得到珠江西岸示范城市群规模企业技能人才需求偏好优势三类模型的分析结果如表4-5所示。三类模型中，各种规模企业均表现出对各类学历的技能人才的显著需求偏好，其中，第二类多因子模型的残差标准差与AIC统计量分别为18411.09和18443.09，模型特征表现最优，主要以多因子模型结果对技能人才需求偏好进行分析。

表4-5　规模企业技能人才需求偏好模型系数与需求偏好优势比

非因子模型（1）			多因子模型（2）			单因子模型（3）	
变量	中型	大型	因子变量	中型	大型	中型	大型
学历	0.231*** (1.259)	0.774*** (2.169)	本科	0.349*** (1.418)	0.944*** (2.569)	0.419*** (1.520)	1.036*** (2.817)
			硕士	-0.191	0.678** (1.971)	-0.143	0.800*** (2.226)
			博士	-0.72	1.586** (4.886)	-0.587	1.987*** (7.297)
工作经验	0.105*** (1.111)	0.071	1~3年	-0.118* (0.888)	-0.535*** (0.586)		
			3~5年	0.186** (1.204)	0.003		
			5年以上	0.373*** (1.453)	0.364** (1.439)		
薪酬	0.002	0.011* (1.011)	薪酬	0.000	0.005		

注：表中基准类和标注符号意义同表4-2。

多因子模型显示，相对于小微企业，珠江西岸示范城市群大型企业表现出对各类学历高技能人才的显著正向需求偏好，其需求偏好优势比均大于1，其中，对博士学历的高技能人才正向需求偏好程度最高，其需求偏好优势比为4.886，其次为本科学历的高技能人才，其需求偏好优势比为2.569，表现珠江西岸示范城市群大型企业对高技能人才的强烈需求。中型企业表现为对本科高技能人才的正向需求偏好，其需求偏好优势比为1.418，对硕士和博士层次的高技能人才需求偏好不显著。从控制变量的影响特征看，添加控制变量工作经验和薪酬变量后，相对于小微企业，大型和中型企业对基于学历分级的高技能人才的显著正向需求偏好基本保持稳定，控制变量对规模企业的高技能人才需求偏好影响较小，一定程度上会削弱规模企业对基于学历分级的技能人才显著正向需求偏好程度，直观结果显示，大型和中型企业的各学历层级高技能人才的正向需求偏好优势比值有微降特点，对5年以上和1年以下工作经验的技能人才有显著正向需求偏好。规模企业之间薪酬需求偏好差异较小。

2. 类型企业的高技能人才需求偏好

采用苏南试点示范城市群类型企业相似的模型设计过程，得到珠江西岸试点示范城市群类型企业技能人才需求偏好优势三类模型的分析结果如表4－6所示。第二类多因子模型的残差标准差与AIC统计量分别为13361.19和13393.19，模型特征表现最优，需求多因子模型对技能人才需求偏好进行因子影响分析。非因子模型显示，学历对类型企业的技能人才需求偏好有显著影响。单因子模型显示，相对于其他类型企业，国营企业对本科学历的高技能人才正向需求偏好显著，民营企业显著正向需求偏好于大专及以下学历的普通技能人才。从添加控制变量工作经验和薪酬的多因子模型看，控制变量对类型企业的基于学历分级的技能人才需求偏好影响极小，规模企业对基于学历分级的技能人才显著需求偏好基本保持稳定，类型企业间的工作经验技能人才需求偏好差异和薪酬差异较小。

综合研究发现，珠江西岸试点示范城市群企业对基于学历分级的技能人才需求偏好具有较强的稳定性，外在控制因素对其影响较小。从影响程

表4-6 类型企业技能人才需求偏好模型系数与需求偏好比

非因子模型（1）			多因子模型（2）			单因子模型（3）	
变量	民营	国营	因子变量	民营	国营	民营	国营
学历	-0.384^{***} (0.681)	0.742^{***} (2.100)	本科	-0.449^{***} (0.638)	1.084^{***} (2.957)	-0.450^{***} (0.638)	0.896^{***} (2.450)
			硕士	-0.242	0.566	-0.230	0.420
			博士	-1.44^{**} (0.237)	-3.467 (0.031)	-1.455^{**} (0.233)	-3.734 (0.024)
工作经验	0.006	-0.155	1~3年	0.264^{***} (1.303)	-0.281 (0.755)		
			3~5年	0.106	-0.397		
			5年以上	-0.138	-0.738^{*} (0.478)		
薪酬	0.001	-0.035^{*} (0.966)	高薪	0.005	-0.021		

注：表中基准类和标注符号意义同表4-4。

度和范围看，规模企业的需求偏好程度较强，大型企业对本科及以上学历的高技能人才正向需求偏好程度较高，侧面体现大型企业更注重技术的更新与研发，中、小型企业更正向需求偏好实用性较高的本科或大专层面的技能人才。类型企业的需求偏好程度相对较弱，国营企业显著正向需求偏好于本科学历高技能人才，民营企业显著正向需求偏好于大专及以下学历的普通技能人才。企业间的技能人才工作经验需求偏好差异和薪酬差异不明显。

三、长株潭衡试点示范城市群企业高技能人才需求偏好

1. 规模企业的高技能人才需求偏好

基于苏南试点示范城市群规模企业技能人才需求偏好相似研究过程，得到的长株潭衡示范城市群规模企业技能人才需求偏好优势的三类模型的分析结果如表4-7所示，第二类多因子模型的残差标准差与AIC统计量

分别为 16247 和 16279，统计量最小，模型特征表现最优，选择该多因子模型对技能人才需求偏好进行因子影响分析。三类模型显示，相对于小微企业，大、中型企业均表现对本科学历高技能人才的显著正向需求偏好，其需求偏好优势比分别为 1.825 和 1.419，大型企业需求偏好程度更强。从添加控制变量工作经验因子变量和薪酬变量的多因子模型看，控制变量对规模企业的本科学历高技能人才显著正向需求偏好影响不大，大、中型企业表现对本科学历高技能人才稳定正向需求偏好，大型企业具有一定的薪酬优势。

表 4-7　规模企业技能人才需求偏好模型系数与需求偏好比

非因子模型（1）			多因子模型（2）			单因子模型（3）	
变量	中型	大型	因子变量	中型	大型	中型	大型
学历	0.197 *** (1.218)	0.351 *** (1.421)	本科	0.350 *** (1.419)	0.602 *** (1.825)	0.406 *** (1.501)	0.705 *** (2.023)
			硕士	-0.155	-0.044	-0.052	0.205
			博士	-0.616	-1.598	-0.311	-0.56
工作经验	0.058	0.057	1~3 年	-0.102	-0.111		
			3~5 年	0.034	-0.062		
			5 年以上	0.202	0.218		
薪酬	0.010	0.029 *** (1.030)	高薪	0.010	0.033 *** (1.033)		

注：表中基准类和标注符号意义同表 4-2。

2. 类型企业的高技能人才需求偏好

采用苏南试点示范城市群类型企业相似的模型设计过程，得到的长株潭衡示范城市群类型企业技能人才需求偏好优势的三类模型的分析结果如表 4-8 所示。三类模型中，各种类型企业表现出对各层学历高技能人才的稳定显著需求偏好，其中，第二类多因子模型的残差标准差与 AIC 统计量分别为 12919.71 和 12951.71，统计量最小，模型特征表现最优，选择该多因子模型对技能人才需求偏好进行因子影响分析。相对于其他类型企业，国营企业对本科及以上学历高技能人才具有稳定的显著正向需求偏好，其中，对博士学历高技能人才需求偏好程度最强，其需求偏好优势比为8.959，其次为硕士学历高技能人才，需求偏好优势比为5.753，呈现学历由高到低的需求偏好优势特征。民营企业则呈现对大专及以下学历普通技能人才的需求偏好特征，其本科技能人才需求偏好优势比为0.841，小于1。从添加控制变量影响效果看，控制变量工作经验和薪酬变量对学历层级技能人才的需求偏好影响较小，长株潭衡示范城市群类型企业对学历层级高技能人才需求偏好具有稳定性。

表4-8　类型企业技能人才需求偏好模型系数与需求偏好比

非因子模型（1）			多因子模型（2）			单因子模型（3）	
变量	民营	国营	因子变量	民营	国营	民营	国营
学历	-0.138** (0.871)	0.822*** (2.274)	本科	-0.173*** (0.841)	0.793*** (2.210)	-0.138* (0.871)	0.911*** (2.486)
			硕士	-0.305	1.750*** (5.753)	-0.214	1.744*** (5.723)
			博士	0.689	2.193* (8.959)	0.972	1.895* (6.651)
工作经验	-0.008	0.297*** (1.346)	1~3年	-0.174** (0.840)	-0.053		
			3~5年	-0.101	0.384* (1.468)		
			5年以上	0.137	0.999*** (2.715)		
薪酬	0.013** (1.013)	-0.023* (0.977)	高薪	0.008	-0.027* (0.973)		

注：表中基准类和标注符号意义同表4-4。

综合来看，长株潭衡示范城市群企业对基于学历分级的技能人才需求偏好具有稳定性特征。从关联程度和范围看，类型企业的关联度较大，国营企业对高技能人才呈现从学历由博士到本科的正向需求偏好强弱，与企业规模的关联度相对较弱，大、中型企业表现为对本科学历高技能人才的显著正向需求偏好。凸显内地制造业试点示范城市群中大型国有企业在吸引高技能人才上的体制优势。

四、郑洛新试点示范城市群企业高技能人才需求偏好

1. 规模企业的高技能人才需求偏好

采用苏南试点示范城市群规模企业相似的模型设计过程，得到郑洛新示范城市群规模企业技能人才需求偏好优势三类模型的分析结果，如表4－9所示。第二类多因子模型的残差标准差与AIC统计量分别为18416. 96和18448. 96，模型特征表现最优，主要选择多因子模型对技能人才需求偏好及其干扰特征进行分析。非因子模型的总体显示，学历对规模企业技能人才需求正向需求偏好存在显著影响。单因子模型显示，本科学历高技能人才是大、中型企业显著需求偏好对象，其需求偏好优势比分别为2. 515和1. 212，显著大于1；多因子模型进一步显示，添加控制变量工作经验和薪酬后，大型企业和中型企业对博士学历的高技能人才需求偏好由单因子模型中的不显著变为显著，工作经验和薪酬一定程度对规模企业对高技能人才的需求偏好产生影响。基于薪酬显著性和工作经验的控制，相对于小、微企业，大型企业降低对本科和博士学历高技能人才的需求偏好，本科学历正向需求偏好优势比减少到2. 337，对博士学历高技能人才的需求表现为显著负需求偏好；与之相反，中型企业增加对博士学历高技能人才的需求正向需求偏好，对本科层次高技能人才正向需求偏好变为不显著。

表4－9　规模企业技能人才需求偏好模型系数与需求偏好比

非因子模型（1）			多因子模型（2）			单因子模型（3）	
变量	中型	大型	因子变量	中型	大型	中型	大型
学历	0. 150* （1. 162）	0. 681** （1. 976）	本科	0. 127	0. 849*** （2. 337）	0. 193** （1. 212）	0. 922*** （2. 515）
			硕士	0. 062	0. 306	0. 199	0. 553
			博士	9. 592** （14642）	－2. 099*** （0. 123）	6. 891	－1. 037

续表

非因子模型（1）			多因子模型（2）			单因子模型（3）	
变量	中型	大型	因子变量	中型	大型	中型	大型
工作经验	-0.016	-0.019	1~3年	-0.384*** (0.681)	-0.409*** (0.664)		
			3~5年	0.007	0.159		
			5年以上	0.444*** (1.558)	-0.050		
薪酬	0.035*** (1.036)	0.062*** (1.064)	高薪	0.023** (1.023)	0.055*** (1.056)		

注：表中基准类和标注符号意义同表4-2。

综合来看，郑洛新试点示范城市群规模企业在高技能人才需求偏好上不够稳定，容易受到外在劳动力市场薪酬因素和劳动力内在工作经验等因素的影响。综合单因子模型和多因子模型分析结果，郑洛新示范城市群大型企业对本科学历的高技能人才具有较为稳定显著正向需求偏好。

基于郑洛新试点示范城市群规模企业对基于学历分级的技能人才需求偏好的不稳定性特征，进一步使用基于学历和工作经验作为核心解释变量的交叉因子模型进行综合分析，模型的残差标准差与AIC统计量分别为18361.02和18421.02，比第二类多因子模型的相应统计量值更优。模型具体分析结果如表4-10所示。交叉因子模型与多因子模型分析结果显示，郑洛新试点示范城市群规模企业对技能人才学历和工作经验均不具有需求偏好稳定性，对技能人才需求定位不够明确，一定程度体现制造业行业区域布局稳定性不够。

表4-10 规模企业技能人才需求偏好交叉因子模型系数与需求偏好优势比

因子变量	中型企业	大型企业	因子变量	中型企业	大型企业
本科	-0.086	0.822*** (2.274)	3~5年本科	0.171	-0.643** (0.526)
硕士	0.113	1.383** (3.986)	5年以上本科	0.252	-0.355
博士	11.235***	-2.329*** (0.097)	1~3年硕士	0.833	-12.337*** (0.000)

续表

因子变量	中型企业	大型企业	因子变量	中型企业	大型企业
1~3年	-0.419*** (0.658)	-0.490*** (0.613)	3~5年硕士	-0.746	-3.334** (0.036)
3~5年	0.012	0.428*** (1.535)	5年以上硕士	-1.206	-2.022
5年以上	0.428* (1.535)	0.210	1~3年博士	0.000	0.000
薪酬	0.024	0.055***	3~5年博士	1.797*** (6.029)	-0.508*** (0.602)
1~3年本科	0.329* (1.389)	0.450* (1.568)	5年以上博士	0.000	0.000

注：表中基准类和标注符号意义同表4-2。

2. 类型企业的高技能人才需求偏好

采用苏南示范城市群类型企业相似的模型设计过程，得到郑洛新示范城市群类型企业技能人才需求偏好优势三类模型的分析结果，如表4-11所示。第二类多因子模型的残差标准差与AIC统计量分别为14094.84和14126.84，模型特征表现最优，主要选择多因子模型对技能人才需求偏好及其影响特征进行分析。非因子模型显示，学历对类型企业技能人才需求偏好有显著影响。单因子模型显示，相对于其他类型的企业，国营企业对本科学历高技能人才存在显著正向需求偏好，需求偏好优势比为4.001，显著大于1，民营企业对本科和硕士学历的高技能人才存在显著正向需求偏好，需求偏好优势比分别为1.220和1.796。添加工作经验因子控制变量和薪酬变量的多因子模型显示，类型企业对基于学历层次的技能人才需求偏好发生变化。相对于其他类型企业，国营企业对本科和博士层次的高技能人才的正向需求偏好减弱，本科层级高技能人才需求偏好优势比减小为3.500，更多正向需求偏好于3年以上工作经验的技能人才，且薪酬优势显著不明显；民营企业本科和硕士层次高技能人才正向需求偏好减弱，正向需求偏好具有一定工作经验的技能人才。

表 4 - 11　类型企业技能人才需求偏好模型系数与需求偏好优势比

非因子模型（1）			多因子模型（2）			单因子模型（3）	
变量	民营	国营	因子变量	民营	国营	民营	国营
学历			本科	0.098	1.253*** (3.500)	0.199*** (1.220)	1.386*** (4.001)
	0.107** (1.112)	1.026*** (2.789)	硕士	0.558* (1.747)	1.021	0.585* (1.796)	0.923
			博士	-0.435	-5.178*** (0.006)	-0.529	-6.641
工作经验			1~3 年	0.475*** (1.608)	-0.375		
	0.231	0.449*** (1.567)	3~5 年	0.522*** (1.686)	0.787*** (2.197)		
			5 年以上	0.251* (1.285)	1.089*** (2.972)		
薪酬	-0.005** (0.995)	-0.078* (0.925)	高薪	0.001	-0.089** (0.915)		

注：表中基准类和标注符号意义同表 4 - 4。

综合显示，郑洛新示范城市群类型企业对基于学历层级分级的技能人才的需求偏好不稳定，容易受到人力资源市场外在薪酬因素和劳动力内在工作经验的影响。单因子模型和多因子模型显示，相对于股份制等其他类型企业，国营企业正向需求偏好本科层次的高技能人才，民营企业正向需求偏好硕士层次高技能人才。

基于郑洛新试点示范城市群类型企业对基于学历分级的技能人才需求偏好的不稳定性特征，进一步使用基于学历和工作经验作为核心解释变量的交叉因子模型进行综合分析，模型的残差标准差与 AIC 统计量分别为 14074.7 和 14134.7，与第二类多因子模型的相应统计量值相当，模型具体分析结果如表 4 - 12 所示。

交叉因子模型与多因子模型分析结果显示，郑洛新试点示范城市群类型企业对技能人才学历和工作经验均不具有需求偏好稳定性，进一步体现郑洛新试点示范城市群内部企业技能人才需求定位不够明确，从人力资源

表 4-12 类型企业技能人才需求偏好交叉因子模型系数与需求偏好优势比

因子变量	中型	大型	因子变量	中型	大型
本科	0.288 * (1.334)	1.878 *** (6.541)	3~5年本科	-0.223	-1.157 ** (0.315)
硕士	0.455	1.825 * (6.205)	5年以上本科	-0.129	-0.047
博士	-0.985	-6.129 *** (0.002)	1~3年硕士	0.310	-15.854 *** (0.000)
1~3年	0.509 *** (1.663)	-0.029	3~5年硕士	-0.126	-14.505 *** (0.000)
3~5年	0.545 *** (1.724)	1.189 *** (3.285)	5年以上硕士	0.817	-14.676 *** (0.000)
5年以上	0.228	0.808	1~3年博士	0.000	0.000
薪酬	0.001	-0.085 **	3~5年博士	18.24 (NAN)	-0.346 *** (0.707)
1~3年本科	-0.334 * (0.716)	-1.325 ** (0.266)	5年以上博士	0.000	0.000

注：表中基准类和标注符号意义同表4-4。

角度一定程度说明当前制造业行业区域布局稳定性不够，后期需要根据区域行业发展优势和特点完善行业布局，有针对性地培育、引进和保留各类技能人才，提升人才的智能效率和区域产业生产效率。

第四节 试点示范城市群高技能人才需求偏好稳定性分析

综合我国四个制造业试点示范城市群中企业的技能人才需求偏好分析结果，得出其高技能人才需求偏好稳定性分析结果如表4-13所示。

表 4-13 制造业示范城市群企业技能人才需求偏好特征对比

试点示范城市群	规模企业			类型企业		
	大型企业	中型企业	偏好稳定性	国营企业	民营企业	偏好稳定性
苏南	本科、硕士高技能人才	偏好不显著	不稳定	本科、硕士高技能人才	大专及以下普通技能人才	稳定
珠江西岸	本科、硕士、博士高技能人才	本科高技能人才	稳定	本科高技能人才	大专及以下普通技能人才	稳定
长株潭衡	本科高技能人才	本科高技能人才	稳定	本科高技能人才	大专及以下普通技能人才	稳定
郑洛新	本科高技能人才	偏好不显著	不稳定	本科高技能人才	硕士高技能人才	不稳定

从区域分布看，东南沿海区域的苏南制造业试点示范城市群和珠江西岸试点示范城市群对高学历高技能人才正向需求偏好程度较高，这与江永红（2016）[43]的高技能人才区域分布特征结论基本一致。珠三角地区的珠江西岸试点示范城市群，大、中型企业或国营企业对本科、硕士、博士高学历高技能人才正向需求偏好稳定，体现该制造业试点示范城市群产业结构由传统制造业向先进制造业转型升级成果显著，以轻工业为主的制造业基地对高学历的创新性高技能人才需求旺盛，企业对相关高技能人才需求目标明确，外在因素对企业技能人才需求偏好干预较难。

苏南制造业试点示范城市群企业对高学历的高技能人才正向需求偏好稳定性不足，企业对基于学历分级的技能人才需求偏好容易受工作经验等内部和外部因素的影响，主要体现在规模企业的学历因子基于学历分级的需求偏好不稳定。进一步的交叉因子模型研究发现，苏南制造业试点示范城市群规模企业对技能人才的工作经验有显著稳定需求偏好，这是重工业制造业的技能人才需求特点，一定程度体现苏南制造业试点示范城市群以重工业为主的制造业布局特点。

长株潭衡制造业试点示范城市群企业对本科学历的高技能人才正向需求偏好稳定显著。作为珠三角地区制造业产业转移的“大后方”，长株潭衡制造业试点示范城市群与珠三角地区协同效应显著，以轻工业为主的区域制造业结构布局较为稳定，对技能人才需求特征明确。郑洛新试点示范城市群企业对基于学历和工作经验的技能人才需求偏好均表现为不稳定性，学历和工作经验交叉性影响融合度较高，制造业布局处于规划提升阶段，发展不够成熟。

从企业特征看，制造业试点示范城市群中大型企业或国营企业对技能人才的高学历类型比较偏好，均表现为本科及以上的高技能人才需求偏好，且需求偏好稳定性比较强。中型企业对本科高技能人才有一定偏好，其需求偏好程度因区域产业结构特点表现为一定的不稳定性，如苏南和郑洛新制造业试点示范城市群以其重工业布局的制造业产业集群特点表现的需求偏好稳定性要弱些。珠江西岸和长株潭衡以其轻工业布局为主的产业集群特征表现的需求偏好稳定性较强。民营企业多呈现大专及以下普通技能人才的稳定需求偏好，受区域产业布局结构特点影响较弱，受产业布局结构的稳定性影响较强，如郑洛新制造业试点示范城市群因其制造业产业布局稳定性不足在高技能和普通技能人才的需求偏好过程中多表现为需求偏好的不稳定。

第五节 制造业试点示范城市群高技能人才需求偏好强度分析

根据以上显著性分析结果，对四个试点示范城市群对高技能人才需求偏好强度进行综合分析。采用的需求偏好强度的综合评价方法分四步完成。

第一步，基于变量具有核心解释变量和控制变量的主次差异，采用具有一定主观特征的改进层次分析法（G1法）对各变量赋权值，G1是东北大学郭亚军教授于2002年提出，相对于传统的层次分析法，G1法具有保序性、不需要构造判断矩阵和一致性检验等优点，其权值计算方法如式（4-3）。

$$w_k = \left(1 + \sum_{k=2}^{m} \prod_{i=k}^{m} r_i\right)^{-1} \quad w_{k-1} = r_k w_k \tag{4-3}$$

其中，r_i 为第 i 个因子变量重要程度的赋值，其赋值参考标准如表 4－14 所示；w_{k-1}为第 $k-1$ 个因子变量的权重；m 为因子变量的个数。

表 4－14　　r_k 赋值参考表

r_k	说明	r_k	说明
1.0	变量 x_{k-1}与变量 x_k 之间具有同样重要性	1.6	变量 x_{k-1}比变量 x_k 强烈重要
1.2	变量 x_{k-1}比变量 x_k 稍微重要	1.8	变量 x_{k-1}比变量 x_k 极端重要
1.4	变量 x_{k-1}比变量 x_k 明显重要		

第二步，使用显著优势比评分的规则对各因子变量进行评分。设定的评分规则分三种情况：第一种情况，相对于基类（即参照组，如大专及以下），因子变量与基类的相对优势比显著小于 1，体现该分类相对于基类的影响负向优势显著，对该分类的需求偏好优势赋值为 1；第二种情况，相对于基类，因子变量对基类的相对优势比显著大于 1，体现该分类相对基类的影响正向优势显著，对该分类的需求偏好优势赋值为 3；第三种情况，相对于基类，因子变量相对于基类的影响不显著，对该分类的需求偏好优势赋值为 2。根据各分类变量的赋值与相应权值计算各因子变量得分、规模企业和类型企业以及各示范试点城市群的高技能人才的需求偏好强度特征。

第三步，根据权值和各因子赋值，采用式（4－4）计算各区域规模企业和类型企业的各非因子变量类型高技能人才需求偏好强度指数。

$$P_{kj} = \frac{\sum_{j=1}^{m} \sum_{i=1}^{n} w_{ji} \times score_{ji}}{m} \tag{4-4}$$

其中，P_{kj}为某区域第 k 类企业（如大型企业）对第 j 个非因子变量类型的高技能人才的需求偏好强度指数，w_{ji}为第 j 个非因子变量的第 i 类因子变量权值，$score_{ji}$为第 j 个非因子变量的第 i 类因子变量需求偏好优势赋值，n 为第 j 个非因子变量的模型因子变量个数，m 为非因子变量个数。

第四步，对各区域规模企业和类型企业的非因子类型的高技能人才需求偏好强度指数平均，得到各区域的非因子类型的高技能人才需求偏好强度指数，根据各类型需求偏好强度指数对各区域对各类型高技能人才需求偏好特征进行分析。

根据第一步分析过程，参考层次分析法变量赋值表和模型中核心解释变量和控制变量影响的显著性程度，得到的各因子变量的重要性程度排序为博士（1.2）>硕士（1.2）>本科（1.0）>5年以上（1.2）>3~5年（1.2）>1~3年（1.2）>薪酬，其对应各因子权重分别为（0.213，0.178，0.148，0.148，0.124，0.103，0.086），根据权值得到的影响因素赋值与得分情况如表4-15至表4-18所示。

表4-15 大型企业高技能人才需求偏好强度赋值得分表

城市群	学历			工作经验			招聘薪酬
特征	博士	硕士	本科	5年以上	3~5年	1~3年	高薪
苏南	-*	+*	+*	-	-*	-*	+*
赋值	1	3	3	2	1	1	3
得分	0.213	0.534	0.445	0.296	0.124	0.103	0.257
珠江西岸	+*	+*	+*	+*	+	-*	+
赋值	3	3	3	3	2	1	2
得分	0.640	0.534	0.445	0.445	0.247	0.103	0.172
郑洛新	-*	+	+*	-	+	-*	+*
赋值	1	2	3	2	2	1	3
得分	0.213	0.356	0.445	0.296	0.247	0.103	0.257
长株潭衡	-	-	+*	+	-	-	+*
赋值	2	2	3	2	2	2	3
得分	0.427	0.356	0.445	0.296	0.247	0.206	0.257
参照组	大专及以下			1年及以下			≤2.5万元

注：“+”标识为分类变量影响正向优势；“-”标识为分类变量影响负向优势；“*”标识影响显著。

表4-15至表4-18所示的规模企业和类型企业对各因子变量类型高技能人才的需求偏好强度指数大小与前面因子变量影响需求偏好优势比分析结果基本一致，本部分不根据需求偏好强度指数进行各因子变量类型高技能人才的需求偏好强度进行分析，直接根据非因子变量类型高技能人才的需求偏好强度进行分析。

表 4-16　　中型企业高技能人才需求偏好强度赋值得分表

城市群特征	学历			工作经验			招聘薪酬
	博士	硕士	本科	5 年以上	3~5 年	1~3 年	高薪
苏南	-*	+	-	+*	+*	+	+
赋值	1	2	2	3	3	2	2
得分	0.213	0.356	0.296	0.445	0.371	0.206	0.172
珠江西岸	-	-	+*	+*	+*	-*	+
赋值	2	2	3	3	3	1	2
得分	0.427	0.356	0.445	0.445	0.371	0.103	0.172
郑洛新	+*	+	+	+*	+	-*	+*
赋值	3	2	2	3	2	1	3
得分	0.640	0.356	0.296	0.445	0.247	0.103	0.257
长株潭衡	-	-	+*	+	+	-	+
赋值	2	2	3	2	2	2	2
得分	0.427	0.356	0.445	0.296	0.247	0.206	0.172
参照组	大专及以下			1 年及以下			≤2.5 万元

注：表中符号含义同表 4-15。

表 4-17　　民营企业高技能人才需求偏好强度赋值得分表

城市群特征	学历			工作经验			招聘薪酬
	博士	硕士	本科	5 年以上	3~5 年	1~3 年	高薪
苏南	-	-*	-*	-*	-	+	-
赋值	2	1	1	1	2	2	2
得分	0.427	0.178	0.148	0.148	0.247	0.206	0.172
珠江西岸	-*	-	-*	-	+	+*	+
赋值	1	2	1	2	2	3	2
得分	0.213	0.356	0.148	0.296	0.247	0.309	0.172
郑洛新	-	+*	+	+*	+*	+*	+
赋值	2	3	2	3	3	3	2
得分	0.427	0.534	0.296	0.445	0.371	0.309	0.172
长株潭衡	+	-	-*	+	-	-*	+
赋值	2	2	1	2	2	1	2
得分	0.427	0.356	0.148	0.296	0.247	0.103	0.172
参照组	本科			1 年及以下			≤2.5 万元

注：表中符号含义同表 4-15。

表4－18　　国营企业高技能人才需求偏好强度赋值得分表

城市群特征	学历			工作经验			招聘薪酬
	博士	硕士	本科	5年以上	3～5年	1～3年	高薪
苏南	+	+ *	+ *	－	－ *	－	－
赋值	2	3	3	2	1	2	2
得分	0.427	0.534	0.445	0.296	0.124	0.206	0.172
珠江西岸	－	+	+	－ *	－	－	－
赋值	2	2	2	1	2	2	2
得分	0.427	0.356	0.296	0.148	0.247	0.206	0.172
郑洛新	－ *	+	+ *	+ *	+ *	－	－ *
赋值	1	2	3	3	3	2	1
得分	0.213	0.356	0.445	0.445	0.371	0.206	0.086
长株潭衡	+ *	+ *	+ *	+ *	－	－ *	－ *
赋值	3	3	3	3	2	1	1
得分	0.640	0.534	0.445	0.445	0.247	0.103	0.086
参照组	大专及以下			1年及以下			≤2.5万元

注：表中符号含义同表4－15。

根据以上各因子变量的需求偏好优势指数，得到的四个试点示范城市群规模企业和类型企业各非因子变量类型高技能人才的需求偏好强度指数，其结果如表4－19和表4－20所示。

表4－19　　规模企业高技能人才需求偏好强度指数特征

城市群	学历		工作经验		招聘薪酬		综合得分	
	中型	大型	中型	大型	中型	大型	中型	大型
苏南	0.866	1.192	1.021	0.523	0.172	0.257	2.058	1.972
珠江西岸	1.227	1.619	0.918	0.795	0.172	0.172	2.317	2.585
郑洛新	1.292	1.014	0.795	0.646	0.257	0.257	2.344	1.918
长株潭衡	1.227	1.227	0.988	0.749	0.172	0.257	2.387	2.234

表 4－20　类型企业高技能人才需求偏好强度指数特征

城市群	学历		工作经验		招聘薪酬		综合得分	
	民营	国营	民营	国营	民营	国营	民营	国营
苏南	0.753	1.405	0.601	0.626	0.172	0.172	1.526	2.202
珠江西岸	0.717	1.079	0.852	0.601	0.172	0.172	1.741	1.852
郑洛新	1.257	1.014	1.124	1.021	0.172	0.086	2.552	2.121
长株潭衡	0.931	1.619	0.646	0.795	0.172	0.086	1.749	2.499

根据表 4－19，从规模企业来看，各区域的体现高技能水平特征的学历需求偏好强度指数最大，其次为工作经验和招聘薪酬，体现制造业企业在招聘过程中，对学历需求比较偏好。从具体的企业规模来看，中南部珠江西岸和长株潭衡试点示范城市群中以轻工业为主的大型企业对高技能人才的高学历需求偏好程度较强，以重工业为主的苏南和郑洛新试点示范城市群的大型企业对高技能人才的高学历需求偏好程度相对弱一些，这与前面的模型分析结果基本一致。中型企业对高技能人才工作经验的需求偏好强度指数均大于大型企业的工作经验需求偏好，对高技能人才的工作经验需求偏好程度较强。大型企业对高技能人才的招聘薪酬需求偏好强度指数大于或等于中型企业的薪酬需求偏好，大型企业更偏向以薪吸才。

根据表 4－20，从类型企业来看，国营企业和民营企业对高技能人才学历、工作经验和招聘薪酬需求偏好的区域共性特征不明显，更多体现的是需求偏好的区域个性特征。从具体的企业类型来看，多个试点示范城市群国营企业的高技能人才学历需求偏好强度指数较大，国营企业更偏好高技能人才的学历。多个试点示范城市群民营企业的高技能人才工作经验和招聘薪酬需求偏好指数较大，对高技能人才的工作经验和薪酬需求偏好程度相对较强。

根据表 4－19 和表 4－20，各类规模企业和各类类型企业的非因子变量类型的高技能人才需求偏好指数，采用取平均值的方法，得到表 4－21 和表 4－22 中四个试点示范城市群规模企业和类型企业非因子变量类型高技能人才的需求偏好强度指数。

表4－21 规模企业与类型企业的高技能人才需求偏好强度指数

城市群	学历		工作经验		招聘薪酬		变量综合得分	
	规模	类型	规模	类型	规模	类型	规模	类型
苏南	1.029	1.079	0.772	0.613	0.215	0.172	2.015	1.864
珠江西岸	1.423	0.898	0.856	0.727	0.172	0.172	2.451	1.796
郑洛新	1.153	1.135	0.720	1.072	0.257	0.129	2.131	2.336
长株潭衡	1.227	1.275	0.869	0.720	0.215	0.129	2.310	2.124

表4－22 城市群高技能人才需求偏好强度指数

城市群	学历	工作经验	薪酬	企业综合得分
苏南	1.054	0.693	0.193	1.939
珠江西岸	1.161	0.791	0.172	2.124
郑洛新	1.144	0.896	0.193	2.234
长株潭衡	1.251	0.795	0.172	2.217

根据表4－21，从企业特征来看，规模企业和类型企业对体现高技能人才水平的学历需求偏好更多体现的是区域个性特征，共性特征不明显，规模企业在高技能人才的工作经验和招聘薪酬上表现相对较强的需求偏好程度。

根据表4－22，各试点示范城市群企业的高技能人才特征的需求偏好强度指数，整体看来，郑洛新试点示范城市群的综合需求偏好强度指数最大，其次为长株潭衡、珠江西岸，苏南示范试点城市群表现最弱的需求偏好强度。从区域高技能人才综合高技能人才需求偏好看，发展相对不够成熟的试点示范城市群对高技能人才的学历、工作经验和薪酬表现较强的综合需求偏好，区域存在较强的高技能人才紧缺问题，由于东南沿海的苏南和珠江西岸试点示范城市群的高技能人才供给相对较足，对高技能人才的需求相对不够紧迫，其高技能人才的学历、工作经验和薪酬的综合需求偏好程度相对较弱。具体看来，长株潭衡试点示范城市群高技能人才的学历需求偏好强度指数最大，表现的学历需求偏好程度最强；郑洛新试点示范城市群高技能人才的工作经验需求偏好强度指数最大，表现较强的工作经验需求偏好；苏南和郑洛新试点示范城市群高技能人才的招聘薪酬需求偏好强度指数最大，表现较强的招聘薪酬需求偏好。

第六节 本章小结

本章根据企业的规模特征和类型特征分析“中国制造2025”四个制造业试点示范城市群企业基于学历分级的高技能人才需求偏好特征，结论如下。

第一，模型中的需求偏好比率统计量和需求偏好强度指数能够直观地定量分析规模、类型企业和试点示范城市群的高技能人才需求偏好，在一定程度上能够较好地区分不同规模、不同类型企业和不同区域的高技能人才需求偏好，可以扩展用于其他试点示范城市群的人才需求偏好分析，为企业和政府提供定量的高技能人才规划决策依据。

第二，从区域行业结构特点来看，我国制造业试点示范城市群中东南沿海区域企业对高学历的高技能人才正向需求偏好稳定特点显著。基于珠江西岸示范城市群以轻工业为主的制造业行业布局和苏南制造业示范城市群以重工业为主的制造业行业布局的差异性，苏南制造业试点示范城市群的基于学历分级的高技能人才需求偏好容易受到技能人才工作经验的影响，对以学历分级的高技能人才需求偏好稳定性不足。内陆区域的长株潭衡和郑洛新制造业示范城市群对本科学历高技能人才正向需求偏好显著，其高技能人才学历级别稍低于东南沿海地区。因此，内陆区域需利用政府配套政策下的制造业产业集群优势，针对构建现代化产业体系与制造业产业集群的总体要求，多方位提升对高技能人才的培养力度，逐步加固产业布局的稳定性，加快凸显制造业产业集群效应。

第三，从企业特征的高技能人才的需求偏好特征来看，企业规模和企业类型与技能人才的学历水平呈现一定的正向关系，即企业规模越大、企业类型国有化程度越高，对高技能人才的学历水平的需求偏好程度越高。具体来看，大型企业或国营企业对技能人才的本科及以上的高学历类型比较偏好，中型企业比较需求偏好本科学历的高技能人才，一定程度上也体现大、中型企业或国有企业是我国先进智能制造技术的主要研发者和创新者。民营企业或小微企业对大专及以下学历的普通技能人才的正向需求偏好程度较高，基于先进制造业研发条件的高技能人才瓶颈较为明显。基于大、中型企业和国有企业高技能人才需求偏好稳定的现状，民营企业和小微企业需以制造业产业集群特征的高端制造业发展趋势为契机，进一步扩大对民营企业和小微企业技能人才的素质转型和升级，提升民营企业和小微企业的技术竞争力、产品创新能力和可持续发展能力。

第四，需求偏好强度分析结果显示，就企业特征的需求偏好强度看，规模企业和类型企业对体现高技能人才水平的学历需求偏好更多体现的是区域个性特征，规模企业在高技能人才的工作经验和招聘薪酬上表现较强的需求偏好程度。规模企业中，大型企业对高技能人才学历和招聘薪酬需求偏好程度相对较强，中型企业需求偏好高技能人才工作经验；类型企业中，国营企业对高技能人才学历需求偏好程度较强，民营企业更偏好高技能人才的工作经验和招聘薪酬。就区域特征的需求偏好强度看，发展相对不够成熟的郑洛新和长株潭衡试点示范城市群对高技能人才的学历、工作经验和薪酬表现较强的综合需求偏好，区域存在相对较强的高技能人才紧缺问题，基于发展相对较为成熟的东南沿海苏南和珠江西岸试点示范城市群的高技能人才供给较足，对高技能人才的需求不够紧迫，其高技能人才的学历、工作经验和薪酬的综合需求偏好程度相对较弱。

第五章

“中国制造2025”试点示范城市群高技能人才截面自主流动特征研究

第一节　高技能人才自主流动研究现状

为了实现“制造强国”的伟大战略目标，2015年，中国提出“中国制造2025”战略决策，截至2022年，中国建设了四个重要的制造业试点示范城市群，即苏南（镇江、南京、常州、无锡和苏州）、珠江西岸（佛山（顺德）、中山、珠海、江门、阳江和肇庆）、长株潭衡（长沙、株洲、湘潭和衡阳）和郑洛新（郑州、洛阳和新乡），促进了我国从“中国制造”向“中国智造”的快速提升。高技能人才是加速实现这一目标的重要人力资源保证，试点示范城市群的高技能人才空间分布和截面自主流动特点一定程度能够体现我国高技能人才对区域制造业企业的需求偏好特征，是制定区域高技能人才引进和保留措施的重要依据。

作为制造业大国，中国制造业高技能人才问题是近年社会持续关注的重点问题，在实际研究过程中，学者们多从国际和省际区域对高技能人才进行空间分布和流动性影响因素分析，针对制造业高技能人才的相关研究相对比较缺乏。在高技能人才空间分布方面，姜怀宇（2005）[44]等研究显示我国高技能人才分布存在由北方内陆向东南沿海地区转移趋势，在转移过程中，刘晔（2019）[45]研究指出区域高职工平均工资有助于加速高技能人才转移，提高区域高技能人才空间密度，但有持续减弱的趋势，高技能人才与一般劳动力空间分布存在差异性，我国高端产业高技能人才（高一高集聚区）主要聚集区为京津、长三角和珠三角地区，聚集范围有明显增大趋势；张俊（2019）等[46]研究显示我国高技能人才变化效率高值区为广东和湖南等8个省份，中南部高技能人才变化效率呈现波动上升趋势，东部呈现波动下降趋势。学者们研究基本一致认为，我国东南沿海地区高技能人才集聚效应较高。

在高技能人才流动影响方面，学者们主要从经济因素和不可贸易非经济因素两个方面进行研究。国际上早期多从技能人才工作性质分析工人（即技能人才）流动特征，学者们认为技能人才流动受薪酬（Topel，1992；Qian，2008）[47][48]、职位提升（Alper，1994）[49]、区域地理位置（胡兆量，1998）[50]、区域服务水平（张超，2021；姚先国，2021）[51][52]和国际环境（刘晔，2013）[53]等因素的影响，大多学者（刘理晖，2019；古恒宇，2022）[54][55]认为，薪酬等经济因素在高技能人才流动中的正向影响强度有弱化趋势，软环境的正向影响存在逐渐增强趋势。就高技能人才个人自身特征影响看，宏观调查数据（Moscarini，2007）[56]和大数据（Xu，2015，2016）[57][58]研究一致显示，低年龄能够加速技能人才流动性，但一定程度会制约着组织对技能人才技能培训的投入和技能人才自身的专业度（Richard，2018）[59]，体现高技能人才水平的学历因素的流动性影响关注不够。

综合文献来看，学者们较多强调外部经济环境和软环境对普通技能人才或高技能人才的空间分布和流动性的影响，较少从高技能人才自身特征关注其自主流动意愿，同时，高技能人才是我国制造业做强的核心人力资源支撑力量，缺乏行业支撑的区域高技能人才的空间分布和流动性研究成果体现的行业针对性略显不足。基于前人研究成果的特征，本章从高技能人才供给的自身任职资格特征视角，使用大数据研究我国四个重点制造业试点示范城市群的高技能人才空间分布和截面自主流动驱动因素的影响。本章内容的主要研究特点为，第一，对我国四个“中国制造2025”试点示范城市群高技能人才的空间分布和截面自主流动特征进行研究，是具有中国制造业特色的高技能人才特征研究，阶段性的本土研究特色显著。第二，从大数据微观分析角度，采用空间热力图工具、分类 Logistic 因子和非因子模型对我国四个制造业试点示范城市群的高技能人才截面自主流动特征和驱动因素进行对比分析，是基于制造业高技能人才自然属性特征的流动驱动因素研究，是对当前高技能人才流动性宏观因素影响和制造业针对性不足的补充研究，有助于从微观角度厘清制造业高技能人才流动性本质动因。第三，采用截面自主流动强度指数评价方法对高技能人才截面自主流动性强度进行综合评价研究，能够对区域高技能人才截面自主流动强度进行因素分析，有助于从高技能人才自主供给角度为区域高技能人才供给提供匹配决策依据，为高技能人才的引进、培养和保留决策提供理论决策导向。

第二节　数据来源与预处理分析

本章研究数据未建立在实际调查基础上，主要选择智联招聘企业的招聘数据进行高技能人才截面自主流动分析，使用八爪鱼爬虫工具在智联招聘网站爬取 2020 年 9～11 月江苏（6415）、广东（6848）、河南（2236）和湖南（295）地区生产、加工和制造行业的 15794 条金领（即高技能人才）求职信息，数据基本格式如表 5－1 所示。根据表 5－1 中自主流动性信息指标“现工作地”和“期望工作地”，筛选包含四个试点示范城市群的 9194 条高技能人才流动信息，对高技能人才截面自主流动特征进行区域比较分析。

表 5－1　　四个试点示范城市群高技能人才数据格式

现工作职位	流动性特征		影响因素			
	现工作地	期望工作地	学历	性别	年龄	期望月薪（元/月）
高级电气工程师	南京	南京	硕士	男	33	15000～25000
机械研发工程师	南京	南京	硕士	男	32	面议

续表

现工作职位	流动性特征		影响因素			
	现工作地	期望工作地	学历	性别	年龄	期望月薪（元/月）
焊装规划工程师	佛山	郑州，广州	本科	男	28	15000 ~ 25000
研发工程师	中山	太原	本科	女	42	10000 ~ 15000
生产经理	郑州	郑州	硕士	男	36	25000 ~ 35000
电器主管工程师	洛阳	西安，江苏	本科	男	33	15000 ~ 25000
机械设计工程师	株洲	株洲，长沙	本科	男	30	15000 ~ 25000
研究院液压所副所长	长沙	长沙，武汉	硕士	男	38	25000 ~ 35000

数据来源：智联招聘网站爬取数据整理得出。

就截面自主性流动影响因素方面，主要分析高技能人才自身固有的、较难改变的人力资源的任职资格特征，即学历、性别和年龄三个因素，这种特征对高技能人才截面自主流动具有较强的客观控制性，在个人意愿方面，本书选择期望薪酬作为个体意愿影响因素。因此，本章主要研究的是高技能人才受自身任职资格条件影响的一种截面自主性流动。

根据表 5 - 1 中流动性信息指标，本章从高技能人才流动性的流入、流出和不流动三个方面对高技能人才的截面自主流动性进行分析，故将流动性作为被解释变量。根据高技能人才求职信息，如果现工作地和期望工作地均在试点示范城市群内，认定为不流动，编码为 1，如果由非试点示范城市群（逻辑假 False）移入到试点示范城市群区域（逻辑真 True），认定为移入，编码为 2，相反，编码为 3。企业招聘一般基于学历进行招聘，对技能证书有明确要求的较少，基于高学历和高技能人才的空间趋同性较高（Qian，2010）[22]，高学历和高技能人才在划分上存在较大的重叠的特点（Florida，2014）[23]，本章选择学历作为高技能人才技能水平特征的核心解释变量，根据学历结构将学历分为三个等级进行编码，即本科编码为 1，硕士、MBA 和 EMBA 编码为 2，博士编码为 3。控制变量方面，性别和年龄是高技能人才的内在属性，是截面自主流动性任职资格条件的重要部分，选择性别和年龄作为内在控制变量，性别为定性变量，女性编码为 1，男性编码为 2，对于年龄，结合已有数据年龄分类结构和人力资源服务部门对年龄层次的一般划分规则，将劳动力年龄分为低龄、中龄和高龄三个等级，低龄为34岁及以下，中龄为35~44岁，高龄为45岁及以上；对于期望薪酬因素，文章采用统计方法中取组中值的处理方式，对于存在上限和下限的情况，薪酬取上限和下限的平均值，对于面议情况，取城市群整体薪酬的均值，并根据平均薪酬将薪酬分为两个等级，即低薪和高薪，低薪为小于或等于2.5万元，高薪为大于2.5万元；所有变量对应的数据预处理结果如表5-2所示。

表5-2　　高技能人才求职变量预处理与统计信息

变量类型	变量	变量编码	均值	标准差	最小值	最大值
被解释变量	流动类型	1=不流动；2=流入；3=流出	1.597	0.869	1	3
核心解释变量	学历	1=本科；2=硕士；3=博士	1.259	0.468	1	3
解释变量	性别	1=女性；2=男性	1.850	0.357	1	2
	年龄	1=34岁及以下；2=35~44岁；3=45岁及以上	37.3岁	6.02岁	33岁	68岁
	期望薪酬	1≤2.5万元；2>2.5万元	2.42万元	1.02万元	2万元	8.5万元

数据来源：根据智联招聘数据预处理得出，数据具体含义参考后面方法解析。

第三节　研究方法选择与设计

一、高技能人才空间流动特征分析方法

直观体现高技能人才流动方法通常基于两个方面设计，一种是基于地理信息数据的流动设计，例如地理学者一般利用的ArcGIS空间分析工具（魏冶，2018）[60]；另一种是基于社会网络的流动结构模拟，例如Yang（2010）[61]的基于社交网络中相互重叠社区结构模拟。基于本书不考虑高技能人才的社会网络结构，仅从现有客观地理数据进行截面自主流动性分析，本书将采用当前研究网络访客密度的空间热力图对我国试点示范城市

群的高技能人才流动程度进行热点分析。

热力图的实现过程是通过数学变化并将离散的点信息映射到最终图像上的过程。首先将试点示范城市群中各城市的地理位置（即经度和纬度）作为离散点位置，其中心点值为高技能人才流入或流出的比率，其比率表达式如式（5－1）所示。

$$p_i = \frac{n_i}{N} \quad (i = \text{流入、流出、不流动}) \tag{5-1}$$

其中，p_i 表示试点示范城市群某一个城市高技能人才流入、流出和不流动比率，N 表示某一个试点示范城市群中某一个城市中流入、流出和不流动的高技能人数总数，n_i 为某一个试点示范城市群中某一个城市的流入、流出或不流动的高技能人才数。

在绘制热力图的过程中，以城市地理位置为中心创建一个圆形区域，圆形区域大小由流入和流出比率值的大小确定，根据比率大小在圆形区域中填充热力色彩，比率值越大，区域面积越大，填充颜色越深，热力强度越大，高技能人才流入或流出的流动性越强。

二、高技能人才流动影响因素分析方法

在分析高技能人才热力趋势流动的基础上，有必要继续分析引起热力现状的高技能人才流动影响因素，更深层次挖掘高技能人才流动决策依据。根据爬取数据的离散性特征，本书选择无序多分类 Logistic 模型对高技能人才的流动性影响因素和影响程度进行分析。根据爬取数据的预处理方式，将因变量流动性分为三种类型即流入、流出和不流动，以第一类不流动为基线－类别 Logistic，可以对其中的 $k-1$ 个类别各做一个回归方程，因变量第 i 个水平的 Logistic 回归模型的基本形式如式（5－2）所示。

$$\ln\left(\frac{p_i}{p_{\text{不流动}}}\right) = \beta_{i0} + \sum_{j=1}^{m} \beta_{ij} x_j \quad i = 1,2,\cdots,k-1 \tag{5-2}$$

其中，以第一类不流动为参照组（即基线－类别 Logistic），左侧为第 i 类（此处为流入和流出）相对于第一类的流动优势比对数。x_j 为影响因素，即学历、性别、年龄和薪酬，在具体操作中，性别和学历是定性变

量，将该类变量转换为因子变量，$\beta_{ij}(k \neq 0)$ 为对数模型系数，$e^{\beta_{ij}}$ 为高技能人才流入、流出相对不流动的某一影响因素的流动优势比，β_{io} 为截距，β_{i0} 为第 i 个模型的截距，即为基类（第一类）的系数，基于基类的基准性（皮常玲等，2019）[62]，可以不用考虑截距项，故在模型结果中不列出截距项。

在式（5-2）的基础上，采用式（5-3）可得出基类 $p_{\text{不流动}}$ 的发生概率。

$$p_{\text{不流动}} = 1 - \sum_{i=1}^{n-1} p_i \tag{5-3}$$

其中，n 为流动类型个数。

根据调查数据特征，各变量均为离散分类变量，可将该分类变量转换为因子变量。本书将根据因子变量和非因子变量两类变量模型结构进行影响因素分析，非因子变量体现各解释变量对被解释变量的综合影响，单因子模型、多因子模型和分级因子模型能在非因子模型的基础上进一步分析因子内部各分类对被解释变量的影响特征。以式（5-2）模型为基础，将模型分为三种类型，第一类为对所有解释变量不分类的非因子模型，第二类为对核心解释变量学历进行分类，对非核心解释变量不分类的带控制变量的多因子模型，第三类为对所有解释变量都进行分类的分级因子模型。即通过这三类模型能从变量整体和内部两个方面分析高技能人才的截面自主流动性影响特征。

第四节　高技能人才截面自主流动热力与影响因素分析

一、高技能人才空间热力流动特征分析

运用爬取数据的编码结果和现工作地与期望工作地的正则范式处理结果，使用公式（5-1）计算流入、流出和不流动比率，其计算结果如表5-3所示。

表5-3 中国制造业试点示范城市群高技能人才自主流动比率分布

城市群	城市	经度	纬度	流入比率	流出比率	不流动比率
珠江西岸	佛山	113.13	23.03	0.27	0.23	0.49
	顺德	113.30	22.81	0.75	0.06	0.19
	中山	113.40	22.52	0.31	0.38	0.31
	珠海	113.58	22.28	0.33	0.23	0.44
	江门	113.09	22.58	0.48	0.23	0.29
	阳江	111.99	21.86	0.67	0.17	0.17
	肇庆	112.47	23.05	0.43	0.39	0.18
	平均			0.46	0.24	0.30
苏南	镇江	119.43	32.19	0.57	0.13	0.29
	南京	118.80	32.06	0.20	0.12	0.68
	常州	119.98	31.82	0.28	0.24	0.48
	无锡	120.32	31.50	0.20	0.33	0.47
	苏州	120.59	31.30	0.15	0.29	0.56
	平均			0.28	0.22	0.50
长株潭衡	长沙	112.95	28.23	0.23	0.12	0.65
	株洲	113.14	27.83	0.39	0.29	0.32
	湘潭	112.95	27.84	0.43	0.29	0.28
	衡阳	112.58	26.90	0.72	0.00	0.28
	平均			0.44	0.18	0.38
郑洛新	郑州	113.63	34.75	0.27	0.09	0.64
	洛阳	112.46	34.62	0.48	0.10	0.42
	新乡	113.93	35.31	0.39	0.18	0.43
	平均			0.38	0.12	0.50

根据前面热力图构建原理，在表5-3基础上，设计的我国制造业试点示范城市和试点示范城市群的热力图如图5-1和图5-2所示。

图5-1和图5-2是在统计绘制截至2022年6月我国制造业示范城市分布的基础上进行二次统计绘制的，根据图5-1和图5-2，我国示范城市和试点示范城市群主要分布在中部、东部和南部的经济较发达地区，与学者们（姜怀宇，2005；刘晔，2019；张俊，2019）[44][45][46]研究的高技能人才非自主流动的空间分布特征基本一致，体现高技能人才流动性空间分

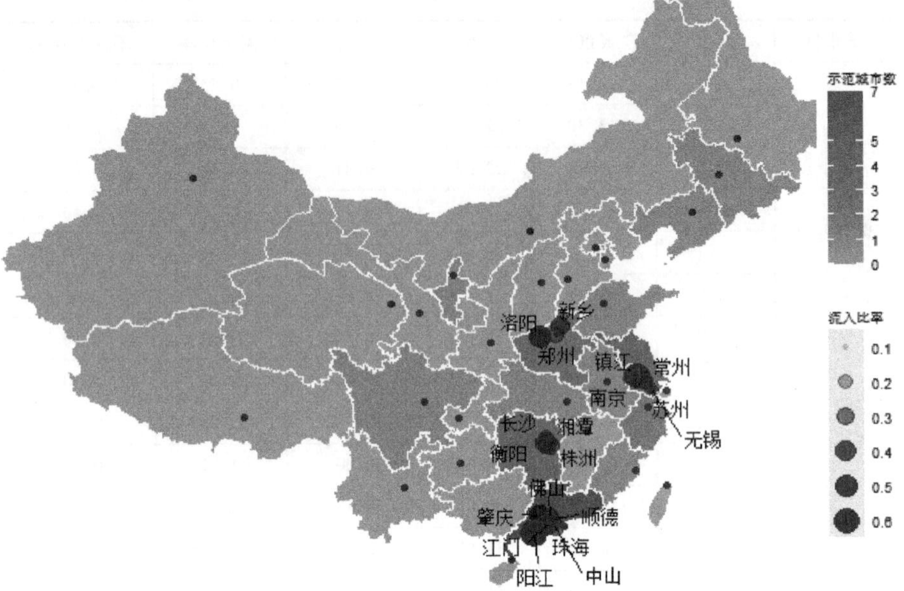

图 5－1 中国制造业试点示范城市群高技能人才自主流入空间分布图

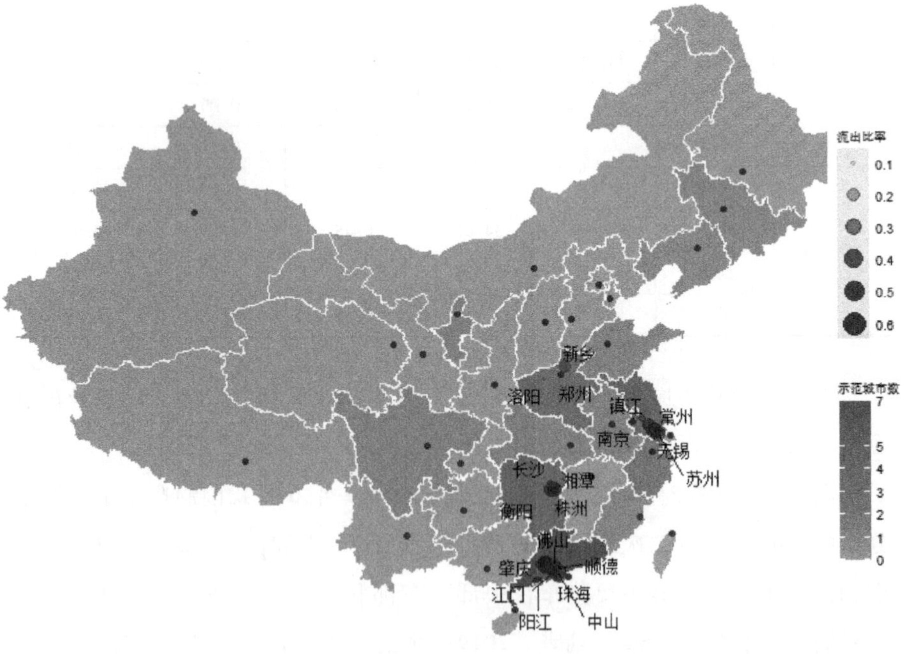

图 5－2 中国制造业试点示范城市群高技能人才自主流出空间分布图

布是试点示范城市群建设的主要参考依据之一。在同一大小和透明色调参照对比的情况下，从整体来看，图5-1自主流入图中圈的晕色整体深于图5-2，显示当前我国试点示范城市群高技能人才以流入优势为主的流动特征。从具体流入、流出区域特征看，以珠三角地区为辐射圈的珠江西岸试点示范城市群晕圈范围最广，晕色最深，高技能人才自主流入特征最为明显；长株潭衡试点示范城市群表现与珠江西岸试点示范城市群相似的流入特征，流入特征较明显；郑洛新试点示范城市群流入优势相对比较大，但不流动占比达到50%，高技能人才自主流动性意愿不强；苏南试点示范城市群流入和流出趋势相当，不流动占比较大，高技能人才自主流动性意愿较均衡。引致这种自主性流动现状的原因需要进一步影响因素的分析。

二、试点示范城市群高技能人才截面自主流动影响因素分析

1. 苏南试点示范城市群

采用式（5-1）对苏南试点示范城市群高技能人才流动性影响因素进行分析，使用学历作为唯一解释变量的单因素模型分析显示，学历对高技能人才的流入有显著影响，对流出影响不显著。采用添加控制变量的非因子模型、因子模型和分级因子模型的结果如表5-4所示。三类模型中，非因子模型、因子模型和分级因子模型的AIC值分别为8551.42、8549.318和8523.772，分级因子模型相对较优，主要使用分级非因子模型进行分析，其模型的结构如式（5-4）和式（5-5）所示。

$$\ln\left(\frac{p_{\text{流入}}}{p_{\text{不流动}}}\right) = -0.226master - 0.725doctor + 0.630fem + 0.195mage + 0.128hage - 0.052hsal \quad (5-4)$$

$$\ln\left(\frac{p_{\text{流出}}}{p_{\text{不流动}}}\right) = 0.044master + 0.69doctor + 0.770fem + 0.028mage + 0.749hage - 0.220hsal \quad (5-5)$$

非因子模型显示，学历对高技能人才流入负向显著，对流出影响不显著。从高技能人才的流入来看，因子模型和分级因子模型显示，硕士层次

的高技能人才对流入有显著负向影响，其流入优势比为0.774，小于1，体现在苏南试点示范城市群的高技能人才的自主流入中，以本科层次的高技能人才为主，博士学历对高技能人才流入不显著。就控制变量看，性别对高技能人才流入影响显著，分级因子模型显示，男性的流入优势比为1.878，大于1，男性高技能人才流入活动比较频繁。

表5-4　　苏南试点示范城市群高技能人才流动性影响因素

非因子模型（1）			因子模型（2）			分级因子模型（3）		
变量	流入	流出	因子变量	流入	流出	因子变量	流入	流出
学历	-0.266* (0.767)	0.107 (1.113)	硕士	-0.256* (0.774)	0.015 (1.016)	硕士 (master)	-0.266* (0.766)	0.044 (1.045)
			博士	-0.713 (0.490)	0.680** (1.975)	博士 (doctor)	-0.725 (0.484)	0.690** (1.995)
性别	0.633*** (1.884)	0.758*** (2.134)	男	0.633*** (1.884)	0.756*** (2.129)	男 (fem)	0.630*** (1.878)	0.770*** (2.160)
年龄	0.007 (1.007)	0.034*** (1.034)	年龄	0.007 (1.007)	0.034*** (1.034)	中龄 (mage)	0.195 (1.215)	0.028 (1.029)
						高龄 (hage)	0.128 (1.137)	0.749*** (2.114)
薪酬	-0.044 (0.957)	-0.025 (0.975)	薪酬	-0.043 (0.957)	-0.023 (0.977)	高薪 (hsal)	-0.052 (0.949)	-0.220** (0.803)

注：以第三类不流动为参照组，*、**、***分别表示通过0.05、0.01、0.001显著性检验。因子模型学历参考组为本科，分级因子模型学历、性别、年龄、薪酬的参考组分别为本科、女性、低龄和低薪。

从高技能人才的流出来看，因子模型和非因子模型均表现为学历对流出没有显著影响，因子模型和分级因子模型均表现出博士高技能人才的流出显著性。就控制变量看，性别和年龄对高技能人才流出有显著影响，男性也是流出活动的主要对象，高龄对高技能人才流出优势比为2.114，具有较大的流出效应，苏南试点示范城市群以年轻高技能人才流入为主，这与部分学者（Xu，2015，2016）[57][58]的研究结论基本一致。

综合来看，基于学历分级的高技能人才，本科年轻高技能人才是流入主体，硕士和博士学历的尖端高技能人才流入特征不明显。期望薪酬对高技能人才流动影响不够显著，体现基于高技能人才自身的期望薪酬竞争力并不高。在高技能人才期望自主流动过程中，首先考虑的是能否自主流动的自身客观条件，主要表现的是基础自然属性（性别和年龄）的自主性流动驱动特征。这与学者们（刘晔，2019）[45]宏观研究的区域经济环境中人力资源市场薪酬对高技能人才非自主流动性的显著影响的结论有较大差异，也体现微观角度与宏观角度研究结论的差异性。

2. 珠江西岸试点示范城市群

参考苏南试点示范城市群的截面自主流动性研究过程，得到珠江西岸试点示范城市群高技能人才截面流动性影响分析结果。单因素模型分析显示，学历对高技能人才的流入有显著影响，对流出影响不显著。采用添加控制变量的非因子模型、因子模型和分级因子模型的结果如表 5-5 所示，三类模型中，因子模型和分级因子模型的 AIC 值分别为 2945.842 和 2942.746，分级因子模型相对较优，主要使用分级因子模型进行分析。

表 5-5　　珠江西岸试点示范城市群流动性影响因素分析

非因子模型（1）			因子模型（2）			分级因子模型（3）		
变量	流入	流出	因子变量	流入	流出	因子变量	流入	流出
学历	0.462* （1.587）	0.253* （1.288）	硕士	0.471** （1.602）	0.211 （1.235）	硕士	0.465** （1.592）	0.210 （1.234）
			博士	0.920 （2.511）	0.770 （2.159）	博士	0.934 （2.544）	0.744 （2.104）
性别	0.730*** （2.095）	0.529*** （1.697）	男	0.740** （2.095）	0.529** （1.697）	男	0.726** （1.731）	0.549** （1.731）
年龄	0.020 （1.02）	0.019* （1.019）	年龄	0.020 （1.02）	0.019* （1.019）	中龄	0.368* （1.445）	-0.036 （0.964）
						高龄	0.502* （1.652）	0.314 （1.368）
薪酬	0.012 （1.012）	-0.054 （0.947）	薪酬	0.012 （1.012）	-0.056 （0.945）	高薪	0.047 （1.048）	-0.183 （0.832）

注：表中符号含义和参考组标准同表 5-4。

从高技能人才的截面自主流入看，因子模型和非因子模型均表现出学历对高技能人才流入影响稳定显著的特征，因子模型和分级因子模型显示，这种显著影响主要是硕士流入的相对优势比较明显，其相对本科的优势比为 1.602，大于 1。就控制变量看，控制变量对学历因素的影响不大，性别对高技能人才流入影响显著，从分级因子模型看，男性相对于女性的流动优势比为 1.731，表现较强的流入活动。

从高技能人才的截面自主流出来看，非因子模型学历对高技能人才流出表现出显著影响特征，相对于单因子模型的学历影响不显著特征，学历对高技能人才流出的显著影响不够稳定，一定程度受到控制变量的影响。从控制变量看，性别和年龄对高技能人才流出有显著影响，与大部分学者(Moscarini, 2007)[56]的研究成果基本一致，男性流出活动特征较强，年龄对流出影响不稳定，具有不确定性特征。

综合来看，珠江西岸制造业产业发展较为成熟，除自身性别和年龄对该区域截面自主性流动影响显著之外，基于高技能人才分级的学历也表现出较强的截面自主流动性影响显著特征，整体表现出基础自然属性（性别和年龄）与高质量的技能水平（学历）对自主性流动影响的双驱动特征。硕士中等年龄的尖端技能人才是珠江西岸试点示范城市群的流入主体，博士学历的尖端技能人才流入特征不明显。相对于期望薪酬对高技能人才流动影响不够显著。在确保能够截面自主流动的条件下，期望薪酬调节的空间比较大。

3. 郑洛新试点示范城市群

根据苏南试点示范城市群的截面自主流动性研究过程，得到郑洛新试点示范城市群高技能人才截面流动性影响分析结果。单因素模型分析显示，学历对高技能人才的流入有显著影响，对流出影响不显著。采用添加控制变量的非因子模型、因子模型和分级因子模型的结果如表 5－6 所示。

三类模型中，因子模型和分级因子模型的 AIC 值分别为 2954.894、2951.694 和 2965.347，因子模型相对较优，主要使用因子模型进行分析。

从高技能人才的流入看，因子模型和非因子模型均表现出学历对高技

表 5－6　　郑洛新城市群高技能人才流动性影响因素分析

非因子模型（1）			因子模型（2）			分级因子模型（3）		
变量	流入	流出	因子变量	流入	流出	因子变量	流入	流出
学历	－0.837* （0.433）	0.073 （1.076）	硕士	－0.841* （0.431）	－0.052 （0.950）	硕士	－0.814* （0.443）	－0.024 （0.976）
			博士	－4.034*** （0.018）	1.440** （4.220）	博士	－4.871 （0.008）	1.480** （4.391）
性别	－0.044 （0.957）	0.802*** （2.231）	男	－0.043 （0.958）	0.811*** （2.250）	男	0.005 （1.005）	0.841*** （2.318）
年龄	0.0659*** （1.067）	0.034*** （1.034）	年龄	0.065*** （1.068）	0.034*** （1.035）	中龄	0.014 （1.014）	0.292** （1.340）
						高龄	0.843** （2.324）	0.517** （1.677）
薪酬	－0.129 （0.879）	0.053 （1.054）	薪酬	－0.13 （0.878）	0.049 （1.05）	高薪	－0.122 （0.885）	－0.008 （0.992）

注：表中符号含义和参考组标准同表 5－4。

能人才流入影响稳定显著的特征，因子模型和分级因子模型显示，这种显著影响主要是硕士和博士流入的相对优势比较弱，其相对本科的优势比分别为 0.431 和 0.018，均小于 1，本科高技能人才流入优势明显。就控制变量看，控制变量对学历因素的稳定性影响较大，存在一定的相关性，年龄对高技能人才流入影响显著，从分级因子模型看，高龄（45 岁及以上）相对于低龄（34 岁及以下）的流动优势比为 2.324，表现较强的流入活动。

从高技能人才的流出来看，因子模型和分级因子模型学历对高技能人才流出表现出显著的影响特征，相对于单因素和非因子模型的学历影响不显著特征，学历对高技能人才流出的显著影响不够稳定，受控制变量的影响较大。根据 AIC 值较小的因子模型，博士流出的相对优势明显，其相对本科的优势比为 4.220，从控制变量看，性别和年龄对高技能流出有显著影响，男性流出活动特征较强，中龄和高龄对流出影响显著，相对于低龄的优势比为 1.340 和 1.677，大于 1，流出优势明显。

综合来看，郑洛新试点示范城市群主要表现的是性别和年龄基础自然属性自主性流动驱动特征。本科高技能人才是郑洛新试点示范城市群的流入主体，硕士和博士学历的尖端高技能人才流入特征不明显。期望薪酬对高技能人才截面自主流动影响不够显著。

4. 长株潭衡试点示范城市群

根据苏南试点示范城市群的截面自主流动性研究过程，得到长株潭衡试点示范城市群高技能人才截面流动性影响分析结果。单因素和非因子模型分析显示，学历对高技能人才的流入和流出均表现不显著影响特征。采用添加控制变量的因子模型和分级因子模型的结果如表 5 - 7 所示，因子模型和分级因子模型的 AIC 值分别为 351. 318 和 379. 318，因子模型相对较优，使用因子模型进行分析。因子模型显示，博士学历对高技能人才流入和流出影响显著，相对于本科学历的优势比为 0，体现博士尖端高技能人才流入、流出不活跃，本科高技能人才是流入、流出活动主体。

表 5 - 7　长株潭衡城市群高技能人才流动性影响因素分析

非因子模型（1）			因子模型（2）			分级因子模型（3）		
变量	流入	流出	因子变量	流入	流出	因子变量	流入	流出
学历	0. 668 (1. 951)	0. 176 (1. 192)	硕士	0. 756 (2. 13)	0. 22 (1. 246)	硕士	0. 848 (2. 336)	0. 248 (1. 282)
			博士	-10.016^{***} (0. 000)	-11.937^{***} (0. 000)	博士	-5. 005 (0. 007)	-10. 277 (0. 000)
性别	7.318^{*} (1507)	1. 972 (7. 183)	男	9.768^{***} (17459)	1. 975 (7. 209)	男	10. 777 (47929)	1. 999 (7. 383)
年龄	-0. 111 (0. 895)	-0. 004 (0. 996)	年龄	-0. 113 (0. 893)	-0. 004 (0. 996)	中龄	-0. 715 (0. 489)	-0. 198 (0. 821)
						高龄	-6. 229 (0. 002)	-0. 011 (0. 989)
薪酬	0. 221 (1. 247)	-0. 1 (0. 905)	薪酬	0. 216 (1. 241)	-0. 097 (0. 907)	高薪	1. 088 (2. 968)	-0. 262 (0. 769)

注：表中符号含义和参考组标准同表 5 - 4。

综合来看，长株潭衡试点示范城市群制造业产业相对不够成熟，其表征高技能人才的基础自然属性性别和年龄以及表征高技能水平特征的学历对自主性流动影响均不显著，图 5 - 1 中的空间分布较强的流入特征的驱动因素在高技能人才自身特征上表现并不显著，该区域的高技能人才流动更多体现的是外部环境驱动的流动，截面自主流动效应不明显。长株潭衡试点示范城市群地处我国中部地区，是老工业基地，新型制造业建设处于起步阶段，其制造科技和能力与苏南城市群、珠江西岸和郑洛新城市群制造业在创新能力、产业结构、产业集聚度和可持续发展能力方面都有一定差距，对高技能人才吸引力不够，且技能人才多来源本土技能学校，致使该区域高技能人才流动性不足，各影响因素对截面自主流动性的驱动效应不够，该结论与一些学者（成鹏飞，2018）[63]对长株潭衡城市群研究成果基本一致。综合来看，长株潭衡城市群高技能人才的流入更多体现的是珠江西岸试点示范城市群对其的辐射效应。

第五节　制造业试点示范城市群高技能人才截面自主流动强度分析

根据以上分级因子模型中各分级因子变量显著性分析结果，对四个试点示范城市群的高技能人才截面自主流动进行流入和流出强度分析。本章设计的截面自主流入和流出强度指数方法分四步完成。

第一步，基于变量具有核心解释变量和控制变量的主次差异，采用第四章中具有一定主观特征的改进层次分析法（G1法）对各变量赋权值，其计算方法如式（5-6）所示。

$$w_k = \left(1 + \sum_{k=2}^{m} \prod_{i=k}^{m} r_i\right)^{-1} \qquad w_{k-1} = r_k w_k \tag{5-6}$$

其中，r_i 为第 i 个分级因子变量重要程度的赋值，其赋值参考标准如表4-14所示。w_k 为第 k 个分级因子变量的权值，m 为分级因子变量的个数。

第二步，使用显著优势比评分的规则对各变量的流入或流出影响因素进行赋值。本步骤的赋值规则分为三种情况：第一种情况，相对于基类（即参照组，如本科），分级变量与基类的相对优势比显著小于1，体现该分类相对于基类的优势不显著，对该分类的流入或流出优势赋值为1；第二种情况，相对于基类，分类变量对基类的相对优势比显著大于1，体现该分类相对基类的优势显著，对该分类的流入或流出优势赋值为3；第三种情况，相对于基类，分类变量相对于基类的影响不显著，对该分类组的流入或流出优势赋值为2。

第三步，根据权值和影响因素（即模型中各分级因子变量或非因子变量）赋值，采用式（5-7）计算各影响因素的截面自主流入和截面自主流出强度指数，采用式（5-8）计算各区域高技能人才截面自主流入和截面自主流出强度指数。

$$P_j = \sum_{i=1}^{n} w_{ji} \times score_{ji} \tag{5-7}$$

$$P = \frac{\sum_{j=1}^{m} P_j}{m} \tag{5-8}$$

其中，P_j 为第 j 个非因子变量的流入或流出强度指数，w_{ji} 为第 j 个非因子变量的第 i 类分级因子变量权值，$score_{ji}$ 为第 j 个非因子变量的第 i 类变量影响程度赋值，n 为非因子变量分类数，P 为某区域的综合截面自主流入或流出强度指数，m 为非因子变量个数。

第四步，根据各非因子变量或区域高技能人才流入和流出强度指数，运用式（5-9）计算区域高技能人才非因子变量和区域的自主流入、流出比率，即截面自主聚集强度指数。

$$\lambda = \frac{P_{in}}{P_{out}} \tag{5-9}$$

其中，λ 为截面自主聚集强度指数，P_{in} 和 P_{out} 分别为各非因子变量或区域的高技能人才截面自主流入和自主流出强度指数，一般情况下，截面自主聚集强度指数越大，其影响因素或区域的高技能人才截面自主流入聚集能力越强。

根据以上分析过程，参考层次分析法变量赋值表和模型中控制变量显著性程度，得到的各因子变量的重要性程度排序为博士（1.2）>硕士（1.8）>男性（1.0）>中龄（1.4）>高龄（1.2）>高薪，其对应的各因子的权重分别为（0.295，0.246，0.137，0.114，0.114，0.095）。根据前面各试点示范城市群分级因子模型中各分级因子影响的显著性程度的特征，采用式（5－5）和式（5－6）得到的各分级因子（即影响因素）和区域的高技能人才截面自主流入和流出强度指数如表5－8和表5－9所示。

表5－8　试点示范城市群高技能人才截面自主流动强度影响因素赋值与指数得分

城市群特征	学历				性别		年龄				期望薪酬	
	流入		流出		流入	流出	流入		流出		流入	流出
	博士	硕士	博士	硕士	男	男	中龄	高龄	中龄	高龄	高薪	高薪
苏南	－	－*	+*	+	+*	+*	+	+	+	+*	－	－*
赋值	2	1	3	2	3	3	2	2	2	3	2	1
得分	0.590	0.246	0.885	0.492	0.410	0.410	0.228	0.228	0.228	0.341	0.190	0.095
珠江西岸	+	+*	+	+	+*	+*	+*	+*	－	+	+	－
赋值	2	3	2	2	3	3	3	3	2	2	2	2
得分	0.590	0.738	0.590	0.492	0.410	0.410	0.341	0.341	0.228	0.228	0.190	0.190
郑洛新	－	－*	+	－	+	+*	+	+*	+*	+*	－	－
赋值	2	1	2	2	2	3	2	3	3	3	2	2
得分	0.590	0.246	0.590	0.492	0.273	0.410	0.228	0.341	0.341	0.341	0.190	0.190
长株潭衡	－	+	－	+	+	+	－	－	－	－	+	－
赋值	2	2	2	2	2	2	2	2	2	2	2	2
得分	0.590	0.492	0.590	0.492	0.273	0.273	0.228	0.228	0.228	0.228	0.190	0.190
参照组	本科				女		≤34岁				≤2.5万元	

注：“+”标识相对基类流入为主正向优势；“－”标识相对基类流入为主负向优势；“*”标识为显著性。

表5－9　试点示范城市群高技能人才流动影响因素的截面自主流动强度指数

城市群	学历		性别		年龄		期望薪酬		综合评价	
	流入	流出	流入	流出	流入	流出	流入	流出	流入	流出
苏南	0.418	0.688	0.410	0.410	0.228	0.285	0.190	0.095	1.245	1.478
珠江西岸	0.664	0.541	0.410	0.410	0.341	0.228	0.190	0.190	1.605	1.368
郑洛新	0.418	0.541	0.273	0.410	0.285	0.341	0.190	0.190	1.165	1.482
长株潭衡	0.541	0.541	0.273	0.273	0.228	0.228	0.190	0.190	1.232	1.232
参照组	本科		女		≤34岁		≤2.5万元			

表5-8是各分级因子的影响程度、赋值结果和影响程度指数得分情况，其指数特征与前面模型分析结果基本一致，此处不做重复分析。

根据表5-9，从高技能人才的流入综合因素看，珠江西岸高技能人才的流入得分最高，为1.605，体现高技能人才对珠江西岸试点示范城市群的强偏好，流出得分最低，体现该区域较强的高技能人才吸纳能力；郑洛新流入得分最低，为1.165，体现该试点示范城市群较弱的高技能人才吸引力，这种现状与图5-1的流入分布特征基本一致。从高技能人才的流出综合因素看，苏南试点示范城市群高技能人才的流出综合得分最高，为1.478，体现高技能人才流出趋势较明显，珠江西岸试点示范城市群的流出综合得分较小，为1.368，表现较弱的高技能人才流出特征，与图5-2的流出分布特征基本一致。

根据表5-9的各区域各影响因素的截面流入、流出强度指数分析结果，运用式（5-7）的截面自主流入、流出强度比率计算方法进行高技能人才的截面自主聚集强度指数分析，其分析结果如表5-10所示，各因素对珠江西岸试点示范城市群的截面自主聚集强度指数最高，为1.173，体现出珠江西岸试点示范城市群发展较为成熟，制造业企业自身发展优势对高技能人才吸引力较强，其次为苏南试点示范城市群，截面自主聚集强度相对较低的为郑洛新试点示范城市群，其区域制造业企业自身高技能人才吸引力相对较弱。在影响强度比率值的各因素中，在不考虑影响因素不显著的情况下，对截面自主聚集强度贡献较大的为年龄和性别的高技能人才的自然属性特征，其次为体现高技能人才技能水平的学历特征，期望薪酬基于各因素影响不显著的特点体现的贡献不明显。

表5-10　试点示范城市群高技能人才截面自主聚集强度指数

城市群	学历	性别	年龄	期望薪酬	指标综合
苏南	0.607	1.000	0.800	2.000	0.843
珠江西岸	1.227	1.000	1.500	1.000	1.173
郑洛新	0.773	0.667	0.833	1.000	0.786
长株潭衡	1.000	1.000	1.000	1.000	1.000

综合来看，截面自主聚集强度的结论和前面模型分析结论基本一致，即试点示范发展相对较为成熟的区域和制造业企业对高技能人才的吸引程度相对较高，高技能人才的截面自主流动存在从基础自然属性驱动流动到高质量的技能水平驱动的质变过程。

第六节 本章小结

本书基于高技能人才自身任职资格的大数据微观分析角度对我国4个试点示范城市群的高技能人才截面自主流动特征进行分析，结论如下。

第一，采用的大数据处理工具GIS热力图从空间上能够根据热力晕圈大小和晕色深浅直观识别各试点示范城市群高技能人才自主性流动特征，综合呈现中南部高技能人才流动性活跃，东北部高技能人才流动性相对较弱。具体来看，珠江西岸和长株潭衡试点示范城市群流入占比较大，不流动比率较低，高技能人才流动频繁，高技能人才市场活跃。就流动范围看，珠江西岸试点示范城市群的晕色范围更广，体现该城市群具有更广泛的高技能人才活动市场；苏南和郑洛新试点示范城市群具有相似的流入和流出特征，高技能人才不流动性占比较高，高技能人才市场活跃度略显不足。

第二，高技能人才自身的基础自然属性是高技能人才截面自主流动的主要影响因素，高技能人才的学历因素对制造业发展较为成熟的区域表现出基于高技能水平特征的显著流动性影响，对不够成熟的发展区域影响较弱，高技能人才截面自主流动存在从基础自然属性驱动流动到高质量的技能水平驱动的质变过程。分区研究显示，珠江西岸试点示范城市群表现为硕士、博士高学历对高技能人才流入和流出影响显著，基于学历层面的高技能人才市场活跃，高技能人才个人选择空间较大，依托制造业强省优势和粤港澳大湾区的特殊地理位置，该试点示范城市群实现了对高端技能人才的稳定有效吸引。苏南和郑洛新试点示范城市群的博士学历水平的尖端技能人才流出影响显著，学历对流入影响呈现不显著特征，基于学历层面的高技能人才市场流动性不够活跃。长株潭衡试点示范城市群表现为学历因素对高技能人才流入和流出均不显著的特征，作为珠三角地区制造业产业转移的“大后方”，该试点示范城市群高技能人才流动更多地体现为珠三角地区的人才辐射效应。在高技能人才的流入和流出过程中，控制变量中体现高技能人才自身特征的性别是引起高技能人才流动的主要常规因素，年龄对流动性也存在不同程度的影响，一定程度体现制造业不够成熟的区域的高技能人才流动是基于自身基础自然属性驱动的截面自主流动，基于高技能水平的截面自主流动特征表现不足。体现高技能人才意愿的期望薪酬对四个试点示范城市群的高技能人才的流动性影响均不显著，表现出与人力资源市场的市场薪酬完全不一致的影响效果，体现在高技能人才的截面自主流动方面，期望薪酬作为一种非自然属性影响因素，对截面自主流动驱动能力不够。综合来看，高技能人才的流动性更多地受自身基础自然属性的影响，当高技能人才自身的技能水平优势足够支撑其有职业选择空间时，高技能人才会结合自身的性别和年龄自然属性进行制造业发展较为成熟区域的自主选择，而在这个过程中，出于主观意愿的期望薪酬受人力资源市场环境等不确定因素影响较多，对高技能人才的截面自主流动性影响有限。

第三，制造业试点示范城市群发展较为成熟的区域高技能人才截面自主流动性意愿较强，高技能人才市场整体活跃度较高，制造业企业自身高技能人才聚集能力较强。综合得分显示，珠江西岸试点示范城市群的高技能人才综合得分流入高、流出低，制造业企业高技能人才发展优势对高技能人才吸引力较强，体现当高技能人才的性别和年龄等自然属性的流动性驱动效应达到一定程度时，会更有效地带动体现高技能水平的学历因素的流动性驱动效应，提升区域的高技能人才截面自主流动性和截面自主聚集强度。苏南和郑洛新试点示范城市群综合得分流入低、流出高，截面自主聚集强度相对较弱，体现其高技能人才基础自然属性的流动性驱动效应的储备不够，不足以带动基于学历层面的高技能人才截面自主流动。

第四，高技能人才是我国高端制造持续发展的有力的人力资源支撑，在关注区域经济发展水平、地理位置和政府关注程度等宏观因素对高技能人才的流动性影响外，基于高技能人才自身任职资格特征的自主性流动驱动影响能够挖掘高技能人才流动的本质内因，是高技能人才流动性研究中不可忽视的研究内容，研究成果既能提升相关政府部门高技能人才管理信息系统服务效率和质量，也可以为地方相关政府决策机构对高技能人才的决策提供多角度的信息决策支撑。

第六章

“中国制造2025”试点示范城市群高技能人才空间流动特征研究

第一节　高技能人才空间流动相关研究

空间计量经济学是近40年发展起来的一门新兴学科，近年来，空间计量经济学在劳动经济学领域得到了快速发展，2007年，Lhorst（2003）[64][65]等首次运用空间计量分析方法对13个欧盟国家的157个区域的劳动参与率的空间差异进行分析，指出区域公共政策对劳动参与率有重要影响。在其后主要针对高技能人才的国内外区域研究中，学者们多从国际和国内区域范围内研究各类技能人才的空间流动特征、影响因素和流动机制。国外研究主要集中于高技能人才的跨国迁移和区域迁移研究，Sari（2016）[66]通过经济合作与发展组织成员国（OECD）的移民数据库分析得出高技能人才国际流动从1990到2010年增加了130%，输入国在空间上存在严重不平衡，美国、英国、加拿大和澳大利亚输入高技能人才比例为70%，其流动主要受高技能人才本身能力、公司和国家政策等因素的影响；Ernest（2011）[67]使用引力模型研究出欧洲地区地理空间的相似性和制度、技术与文化的相似性是加剧高技能知识在空间传播与再聚集的主要因素和辅助因素，一定程度上会引起高技能人才的加速流动。Flores（2020）[68]纵向分区段研究显示墨西哥洲际间技能人才的流动正在改变各州的投资、生产和经济的空间聚集模式。这些研究成果展示了高技能人才对发达国家和非发达国家都具有巨大的吸引力和显著的空间聚集效应，空间地理位置对高技能人才流动具有不同程度显著影响。我国对高技能人才空间流动研究主要集中于省际（王若宇，2019；陈昊，2019；杨东亮，2020）[69][70][71]和特殊规划城市群（童玉芬，2018；刘晖，2018；齐宏纲，2020）等[72][73][74]的宏观研究。张俊（2019）[46]采用我国省际面板数据得出对外开放度和居民收入等因素能提升高技能人才空间发展效率，城市化水平具有抑制效应；刘晔（2019）[45]采用省际面板数据展示我国高技能人才空间分布特征为东南密集，西北稀疏，沿海特大城市群高技能劳动力集聚能力强且区域虹吸作用不断加强，每万人在校高校学生等宏观因素直接影响高技能人才的空间分布；刘晖（2018）[73]采用人口普查数据研究得出京津冀城市群专业技术人才集聚具有空间依赖性，中部集聚度高，南北稀少；齐宏纲（2020）[74]使用广东、香港和澳门人口普查数据研究显示，香港、澳门具有高度的高技能人才聚集优势，珠三角城市群的高技能人才集聚水平低于京津冀城市群和长三角城市群，服务业对高技能人才集聚的拉动效应强于高学历人才，制造业和高等教育对高技能人才聚集的拉动作用不突出，高薪资待遇对高技能人才集聚的促进作用有限。对制造业示范城市或城市群的相关研究成果略显匮乏，学者们主要针对的是示范城市或城市群建设过程中的问题和不足进行研究，如成鹏飞等（2018）[75]在将“长株潭衡”城市群与苏南、珠江西岸和郑洛新城市群进行相比后，指出应该系统推进技术创新和区域协同等七个方面的措施，缩短与其他三个城市群差距；学者们对首个示范城市宁波在建设过程的产业升级（王翔，2016）[76]、知识产权（陈杏文，2018）[77]、制造业人才强化（王明荣，2016）[78]和职业教育（何倩，2020）[79]等问题进行剖析和研究。

综合以上文献，我国高技能人才流动在空间上存在较强的聚集效应，其研究方法多为基于宏观层面的计量研究，基于个体动态行为信息和能够解决遗漏变量问题的相关微观研究较少，基于制造业试点示范城市群高技能人才空间流动的相关较深入的研究显得不足，需要不断完善。本章内容的主要研究特点有：第一，对我国四个“中国制造 2025”试点示范城市群高技能人才的空间相关特点和空间流动特征进行研究，是具有中国制造业特色的高技能人才相关特征研究，阶段性的本土研究特色显著。第二，从大数据微观分析角度，采用爬虫技术、空间全局与局部相关系数、空间滞后与空间残差模型对我国制造业试点示范城市群高技能人才的空间流动特征进行对比研究，是区域空间地理位置和空间传导机制对高技能人才本质特征的空间流动驱动因素研究，是对当前高技能人才空间流动性宏观因素影响和制造业针对性不足的补充研究，有助于从微观角度厘清制造业高技能人才空间流动本质动因。第三，采用设计的空间流动强度指数评价方法对高技能人才空间流动强度进行综合评价研究，能够对区域高技能人才空间流动强度进行空间聚集、虹吸和辐射效用分析，有助于从高技能人才空间供给角度为区域高技能人才空间供需匹配提供决策依据。在提升制造业试点示范城市或试点示范城市群高技能人才特点研究关注度的同时，进一步延拓相关研究成果的广度和深度，为政府相关职能部门提供高技能人才数字化信息监测系统的理论支撑思路。

第二节　数据来源与预处理分析

本章研究主要选择智联招聘企业的招聘数据对高技能人才空间相关特征和流动特征进行分析，使用八爪鱼爬虫工具在智联招聘网站爬取 2020 年 9—11 月江苏（6415）、广东（6848）、河南（2236）和湖南（295）地区生产、加工和制造行业的 15794 条金领（即高技能人才）求职信息，数据基本格式与第五章表 5－1 中的结构完全相同。根据表 5－1 中自主流动性信息指标“现工作地”和“期望工作地”，筛选包含四个试点示范城市群的 9194 条高技能人才流动信息，对高技能人才空间相关特征和流动特征进行区域比较分析。

根据表 5－1 中流动性信息指标，本章从高技能人才流动性的流入和流出两个方面对高技能人才的空间流动进行分析，故将高技能人才流入数和流出数作为被解释变量。根据高技能人才求职信息，如果由试点示范城市群（逻辑真 True）或非试点示范城市群（逻辑假 False）移入到试点示范城市群区域（逻辑真 True），认定为移入，编码为 1，如果由试点示范城市群（逻辑真 True）移出到非试点示范城市群区域（逻辑假 False），认定为移出，编码为 2，根据编码特征统计高技能人才的流入数和流出数。

企业招聘一般基于学历进行招聘，对技能证书有明确要求的较少，基于高学历和高技能人才的空间趋同性较高（Qian，2010）[22]，高学历和高技能人才在划分上存在较大的重叠的特点（Florida，2014）[23]，本章选择各学历高技能人才流入数和流出数作为高技能人才空间流动的主要解释变量，根据学历结构将学历分为三个类别，即本科、硕士（硕士、MBA 和 EMBA）和博士，根据三类学历进行流入和流出高技能人才人数统计。其余解释变量方面，性别和年龄是高技能人才的内在属性，是空间流动任职资格条件的重要部分，性别分为男性和女性两类，年龄分为高龄、中龄和低龄三类；期望薪酬体现高技能人才流动性的外在市场属性特征，将其分为高薪和低薪两类。年龄和期望薪酬采用 K－means 聚类方法和实际应用规则结合进行分类。

K－Means 聚类具有算法收敛速度快、聚类效果优、算法可解释度强和应用范围广等优点，本书基于轮廓系数法的稳定性特征，采用轮廓系数法确定年龄与薪酬分类簇数，其轮廓系数表示如式（6－1）所示。

$$s(i) = \frac{b(i) - a(i)}{\max\{[a(i), b(i)]\}} \tag{6-1}$$

其中，$b(i)$ 是年龄或薪酬分组的组间相似度，$a(i)$ 是年龄或薪酬分组的组间相似度，$s(i)$ 为轮廓系数，其范围从－1 到 1，值越大说明组内吻合越高，组间距离越远，聚类效果越好。一般来说，当轮廓系数在（0.51，1.0）之间时，分类比较合理，小于 0.5 则表明聚类结果不够合理。根据比较分析，鉴于算法给出的最优组数过大，本章结合实际情况，参考各人力资源部门调查过程中对劳动力年龄的划分规则，将年龄以 34 岁和 44 岁为分界点将年龄分为 3 类，其组间和组内平均轮廓系数均大于 0.51；以月收入平均值 2.5 万元为分界点将薪酬分为 2 类，其组间和组内平均轮廓系数均大于 0.51，两个变量分类均较为合理，如表 6－1 所示。

表 6-1 年龄与薪酬分类标准设计结果

年龄类别	年龄(岁)	标识	平均轮廓宽度	期望薪酬类别	薪酬(万元/月)	标识	平均轮廓宽度
低龄	≤34	1	0.61	低薪	<2.5	1	0.81
中龄	35~44	2	0.58	高薪	≥2.5	2	0.53
高龄	≥45	3	0.55				
总体			0.57	总体			0.69

根据以上编码规则和分类方法得到的试点示范城市群高技能人才空间流动影响因素的分类结果，对各区域流入和流出的各影响因素类型的高技能人才人数进行统计，整理后的统计分析数据形式如表6-2所示。根据编码数据进行高技能人才空间流动特征分析。

表 6-2 苏南试点示范城市群部分编码数据统计结果

城市	纬度	经度	流入数	流出数	本科流出数	男性流出数	低龄流出数
镇江	32.195	119.431	13	64	77	43	33
南京	32.065	118.802	144	195	1054	1156	598
常州	31.816	119.982	130	216	392	362	172
无锡	31.499	120.319	317	337	693	765	300
苏州	31.304	120.592	469	261	1419	1771	653

数据来源：根据智联招聘数据和编码规则整理统计得出。

第三节 研究方法选择与设计

一、莫兰（Moran'I）空间相关系数

莫兰空间相关系数是以研究对象的空间权重为基础分析研究对象基于空间地理位置的相关性的统计量，空间权重的确定方式一定程度上会影响空间相关系数的大小和方向，空间权重矩阵一般分为两类（Anselin，Luc，2007）[80]，即基于邻接关系和距离关系权重矩阵，距离范围不易确定，Rook和Bishops通常主要针对规则图形权值确定，Queen表共边或共点为

邻接，主要用于不规则图形权值设定，我国制造业试点示范城市群没有规则性，有一定相邻性，故本章采用综合考虑前后左右和对角共 8 个单元相邻的 Queen 方法构建空间权重矩阵，其判别方法如式（6-2），空间权重矩阵使用空间统计分析软件 GeoDa 获得。

$$W_{ij} = \begin{cases} 1 & i,j\ \text{面状单元(即示范城市)1 阶相邻} \\ 0 & \text{其他} \end{cases} \tag{6-2}$$

基于确定的空间权重矩阵 w_{ij}，选择使用经典莫兰相关系数来分析试点示范城市群整体以及各示范城市之间流入或流出的聚集或溢出效应，其全局与局部相关系数计算公式分别如式（6-3）和式（6-4）。全局与局部相关系数取值范围为[-1，+1]，当 MoranI 显著为正时，观测值（即高技能人才流入数或流出数）存在显著正相关，高技能人才流入或流出趋于空间集聚；当 MoranI 显著为负时，观测值在空间上存在显著负相关，高技能人才流入或流出趋于异质性溢出分布；当 MoranI 显著为 0 时，观测值在空间上随机分布，不存在空间自相关性。

$$MoranI = \frac{n\sum_{i=1}^{n}\sum_{j=1}^{n} w_{ij}(x_i - \bar{x})(x_j - \bar{x})}{\sum_{i=1}^{n}\sum_{j=1}^{n} w_{ij}\sum_{i=1}^{n}(x_i - \bar{x})^2} \tag{6-3}$$

其中，x_i 为试点示范城市群中第 i 个示范城市的流入或流出人数指标，$\bar{x} = \frac{1}{n}\sum_{i=1}^{n} x_i$，$w_{ij}$为式（6-2）中的空间权重矩阵，$n$ 为试点示范城市群中城市个数。

为了在全局自相关基础上进一步识别试点示范城市群内部的空间聚集或热点城市，本章选择局部空间相关系数和局部观测值与其滞后项的关系统计量识别对全局相关系数贡献较大的异常点或强影响点。莫兰局部空间相关系数形式如式（6-4）所示。

$$LocalI_i = \frac{\sum_{j=1}^{n} w_{ij}(x_i - \bar{x})(x_j - \bar{x})}{\sum_{i=1}^{n}\sum_{j=1}^{n} w_{ij}} \tag{6-4}$$

其中，$LocalI_i$ 为第 i 个观测点的局部相关系数，其余变量含义与式

（6-3）相同，为了消除量纲等因素的干扰，此处使用标准化空间权值与标准化观测值，正值表示该区域单元周围相似值高值或低值的空间集聚，负值表示非相似值的空间集聚。

在空间自相关基础上，进一步寻找其离群点、高杠杆点和强影响点，借鉴 Belsley，Cook 和 Fox，J. 的判别方法（Belsley，1980；Cook，1982；Fox，2011）[81][82][83]，在观测值与滞后观测值构建的空间线性回归模型基础上满足表 6-3 中任一统计量的判别关系可判断为异常点（即离群点、高杠杆点或强影响点）。

表 6-3　　异常点综合判断标准

示范城市群	截距与系数	标准差	Dffits	Cook. d	Hat
苏南		>3.0000 或 < -1.0000	2.4495		1.2000
珠江西岸		>2.2000 或 < -0.2000	1.8974		0.8571
长株潭衡		>4.0000 或 < -2.0000	3.0000		1.5000
郑洛新		>7.0000 或 < -5.0000	4.2426		2.0000
判别准则	绝对值大于 1	大于 1+3k/（n-k）或小于 1-3k/（n-k）	大于 $\sqrt[3]{k/(n-k)}$	pf(Cook. d, k, n-k) >0.5	大于 3k/n

注：pf 为求 F 分布概率 p 值的 R 函数，n 为 Hat 统计量大于 0 的样本数，k 为空间回归模型最小变量，此处 $k=2$。

在表 6-3 中，截距、系数和标准差是离群点判别统计量，体现模型在预测过程中产生较大残差，Dffits（拟合方差）和 Cook. d（考克斯距离）统计量是强影响点判别统计量，其中，Dffits 是比较去除某一个数据点和包含此数据点的预测值 y 的变化，Cook. d 表示去除某一个数据点之后，其他样本拟合值的变化，Hat 统计量为高杠杆值判别统计量，即远离样本空间中心的点，需要说明的是，异常点、高杠杆点或强影响点之间没有绝对界限，有时候需要根据具体情况进行分析。根据判别准则和四个试点示范城市群样本个数得到的判别标准如表 6-3 所示。

二、空间滞后模型与空间残差模型

在各试点示范城市群流入、流出空间相关性存在的条件下，可以进一步分析相关性的影响因素和空间传导机制，可以从流入人数、流出人数聚集溢出效应的影响因素和流入人数、流出人数聚集溢出的传导机制两个方面进行空间分析，基于各制造业试点示范城市群数量（即样本数）不多，不能使用同时考虑流动现状与影响因素对周边邻近示范城市的影响的杜宾空间模型（Lesagej，2009）[84]，本章将使用空间滞后模型与空间残差模型从空间地理位置和空间传导机制两个方面分别进行研究，空间滞后模型可以从空间地理位置上分析流入和流出的聚集溢出效应，考虑外生变量对聚集溢出效应的直接影响，空间残差模型可以通过非系统性联系产生的误差空间依赖性来解释流入、流出的空间依赖性，即流入或流出的空间传导机制。空间滞后模型表示形式如式（6－5）所示。

$$flowinout = \alpha + \sigma W flowinout + \sum_{i=1}^{k} \beta_i x_i + \varepsilon \quad i = 1,2,\cdots,k \qquad (6-5)$$

其中，α 为截距，σ 为试点示范城市群空间权重矩阵（W）与流动人数形成的空间滞后项（*flowinout*）的系数，β_i 为第 i 个影响高技能人才空间流动变量的空间效应系数，k 为变量个数，ε 为服从正态分布误差项。

空间残差模型表现形式如式（6－6）所示。

$$flowinout = \alpha + \sum_{i=1}^{k} \beta_i x_i + \varepsilon \quad i = 1,2,\cdots,k \quad \varepsilon = \lambda W \varepsilon + \mu \qquad (6-6)$$

其中，α 为截距，β_i 为第 i 个影响高技能人才空间流动变量的系数，ε 为模型残差，λ 为试点示范城市群空间权重矩阵（W）与模型残差（ε）形成的空间自相关残差项的系数，k 为变量个数，μ 为服从正态分布误差项。

第四节 试点示范城市群高技能人才空间流动特征分析

一、苏南试点示范城市群空间流动特征分析

1. 空间相关性分析

采用式（6－3）和式（6－4）对苏南试点示范城市群的空间相关性进行分析，结果显示，苏南试点示范城市群高技能人才流入、流出全局空间

相关系数分别为 0.510 和 0.284，对应的显著性 p 值分别为 0.011 和 0.056，分别表现为在 0.05 和 0.1 的显著性水平下正显著影响，体现苏南试点示范城市群高技能人才在流入和流出上都存在近距离的显著强聚集和强溢出效应，苏南试点示范城市群各城市之间的高技能人才的流入和流出关联性较强。流入局部空间相关性系数显示，如表 6－4 所示，苏州和镇江流入局部空间相关性对全局流入空间相关性具有一定程度的显著正影响，显示苏州和镇江在高技能人才吸纳方面优势明显，在流出空间局部相关性均未显示显著性影响，如表 6－5 所示。

表 6－4　流入空间局部相关性及离群点、高杠杆点和强影响点分析

城市	相关系数	p 值	截距	系数	标准差	Dffits	cook. d	F 值	Hat
镇江	0.611	0.051*	0.982	−0.770	2.219	0.982	0.499	0.350	0.518
南京*	0.395	0.111	−1.555	0.721	0.080	−1.786	0.394	0.295	0.239
常州*	0.187	0.111	0.035	−0.018	3.010	0.039	0.001	0.001	0.256
无锡	0.340	0.132	0.040	0.303	1.595	0.562	0.169	0.148	0.282
苏州*	1.018	0.069*	0.123	−0.290	7.285	−0.342	0.086	0.080	0.706

注：城市的 * 标识离群值点；p 值的 * 表示通过 0.1 显著性检验。

表 6－5　流出空间局部相关性及离群点、高杠杆点和强影响点分析

城市	相关系数	p 值	截距	系数	标准差	Dffits	cook. d	F 值	Hat
镇江*	0.171	0.204	1.022	−0.887	7.037	1.032	0.686	0.432	0.764
南京	0.182	0.198	−0.368	0.137	0.902	−0.642	0.174	0.152	0.210
常州	−0.003	0.255	−0.058	−0.002	2.558	−0.156	0.017	0.017	0.200
无锡*	0.364	0.114	0.201	−0.314	4.715	−0.390	0.108	0.099	0.573
苏州	0.706	0.111	−0.117	0.660	0.186	1.435	0.383	0.289	0.254

注：表中标注符号意义同表 6－4。

离群值点分析结果显示（见表 6－4 和表 6－5），南京、常州和苏州表现为流入离群值点特征，根据其空间分布（见图 6－1a），南京较偏离拟合线，属于特殊异常值点，常州和苏州拟合效果好，对高技能人才流入具有较强的流入影响。据统计，截至 2018 年年底，常州每万名劳动者中高技能人才数达 1143 人，连续五年位居江苏省第一位。截至 2020 年 10 月，苏州市累计培养高级工以上高技能人才68.62万人，职业培训规模、高技能人才数量位居全省第一位，资料显示这两个示范城市的高技能人才聚集溢出能力突出；镇江和无锡表现为流出离群值特征，对流出全局空间相关性影响比较大（见图6-1b），相对于苏州和常州的高技能人才强聚集能力，其高技能人才聚集能力相对较弱。

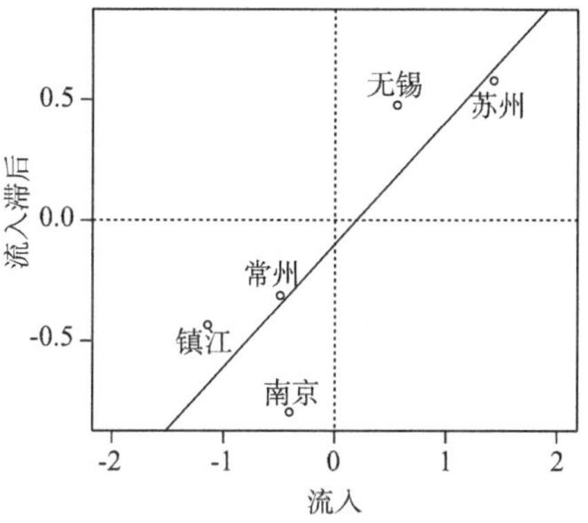

图6-1a 苏南流入异常点空间分布

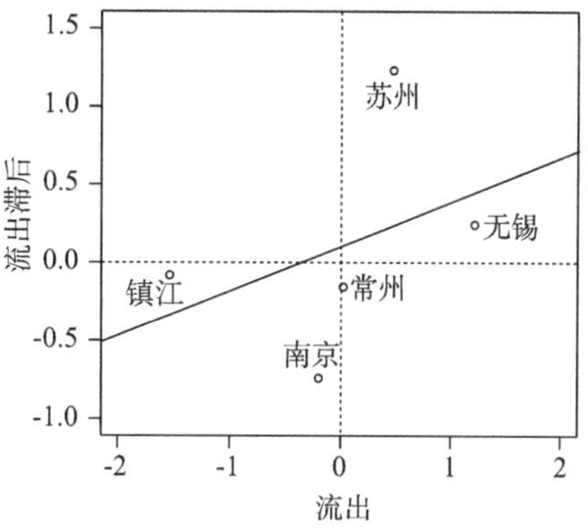

图6-1b 苏南流出异常点空间分布

2. 空间影响因素和传导机制分析

基于苏南试点示范城市群流入、流出空间相关性聚集效应显著存在的特点，对其流入、流出特征的直接影响因素和空间传导机制进行分析。其分析结果如表6-6所示。从整体影响特征看，苏南试点示范城市群高技能人才流动性影响因素对高技能人才的流入影响程度要高于流出影响程度。

表6-6 苏南试点示范城市群流入、流出空间回归影响

影响因素	变量	流入		流出	
		滞后系数（σ）	残差系数（λ）	滞后系数（σ）	残差系数（λ）
学历	σ（λ）	0.461***	-1.167***	-0.441	-1.167***
	α	-64.939***	-21.739***	213.827**	50.102***
	本科	1.971***	2.032***	1.279	-0.545***
	硕士	-5.641***	-5.037***	-3.753	4.025***
	博士	1.912***	-7.364***	1.054	-23.764***

续表

影响因素	变量	流入		流出	
		滞后系数（σ）	残差系数（λ）	滞后系数（σ）	残差系数（λ）
性别	σ（λ）	0.748 ***	-0.853 ***	-0.041	-0.577
	α	-67.851 ***	47.736 *	150.557	135.717 *
	男性	0.364 ***	1.229 ***	0.346	0.545
	女性	-1.109 ***	-5.695 ***	-1.434	-2.444
年龄	σ（λ）	0.870 ***	-1.159 ***	-1.101 ***	-1.135 ***
	α	-114.174 ***	-36.331 ***	371.439 ***	288.992 ***
	高年龄	3.070 **	5.854 ***	-3.716 ***	-10.196 ***
	中年龄	-0.667	-0.266 ***	3.378 ***	5.236 ***
	低年龄	-0.424 *	-2.154 ***	-1.785 ***	-0.960 ***
期望薪酬	σ（λ）	0.687 ***	-0.964 ***	-0.191	-0.827 ***
	α	-75.245 ***	-26.213 **	146.496 ***	129.292 ***
	高薪	-2.497 ***	-7.179 ***	-7.509 ***	-7.164 ***
	低薪	1.319 ***	3.489 ***	3.439 ***	3.253 ***

注：*、**、*** 分别表示通过 0.05、0.01、0.001 显著性检验。

根据流入分析结果，空间滞后模型的各影响因素模型的试点示范城市群空间权重（W）与流动人数形成的空间滞后项（*flowinout*）的系数 σ 均显著大于0，整体表现为显著的流入聚集效应，苏南试点示范城市群具有空间位置优势的高聚集性，空间残差模型的各影响因素模型的试点示范城市群空间权重（w）与模型残差形成的空间自相关残差项（ε）的系数 λ 均显著小于0，整体体现为苏南试点示范城市群外部环境对高技能人才的流入具有一定的抑制效应，表现为对邻近区域的强辐射特征。流出空间模型分析结果显示，各影响因素空间流出模型的空间滞后项系数与空间自相关残差项系数的影响程度的显著性不够，其中，年龄在空间地理位置和流出传导机制上均表现为流出抑制效应。

从具体的高技能人才空间流动性的影响因素来看，体现高技能人才水平特征的本科学历在空间地理位置和传导机制上均表现为流入的显著聚集效应，在流出的传导机制上表现为流出抑制效应，即表现为本科高技能人才的强虹吸效应；硕士学历在空间地理位置和传导机制上均表现为显著的流入抑制效应，在流出传导机制上体现为显著的流出加速效应，硕士学历的高技能人才辐射效应较为明显；博士学历在空间地理位置表现为流入显著聚集效应，在流入和流出传导机制上均表现为显著的流入和流出抑制效应，苏南试点示范城市群博士等尖端高技能人才的聚集效应受示范群自身空间地理位置的吸引力较足，高技能人才的保留措施较为完善，邻近区域各类传导因素对其流入和流出的影响有限。

在体现高技能人才空间流动性影响因素的自然属性方面，男性在空间地理位置和流入传导机制方面均表现为显著的流入聚集效应，对男性高技能人才的虹吸效应较强，女性对高技能人才的流入性显著影响特征与男性相反；年龄影响方面，高年龄在空间地理位置和流动性传导机制方面均表现为显著的流入聚集效应和流出抑制效应，对高年龄高技能人才虹吸效应较强，中年龄表现为流出加速效应特征，对邻近区域的辐射效应明显，低年龄在空间地理位置和流动性传导机制方面均表现为显著的流入、流出抑制效应，低年龄高技能人才流动性较弱，结构较为稳定。

在体现高技能人才空间流动性影响因素的外部市场属性方面，期望高薪酬在空间地理位置和流入、流出传导机制方面均表现为显著的流入和流出抑制效应，期望低薪酬表现为相反的流入聚集效应和流出加速效应，体现高技能人才在考虑流动性过程中，在保证可以流动的条件下，更多考虑的是该试点示范城市群人力资源市场的市场薪酬与期望最低薪酬的匹配程度，高薪酬高技能人才流动性较弱，其结构相对比较稳定。

综合来看，根据学历水平，苏南试点示范城市群高技能人才体现为本科高技能人才流入虹吸效应明显，硕士高技能人才对邻近区域的辐射性较强，博士学历的尖端高技能人才比较稳定，流动性较弱。呈现的是底层本科高技能人才充足，中层硕士高技能人才相对不足，顶层博士高技能人才稳定的“哑铃”式高技能人才流动性结构。根据高技能人才自然属性，苏南试点示范城市群男性或高年龄高技能人才虹吸效应明显，女性或中年龄高技能人才对邻近区域辐射性较强，低年龄高技能人才聚集效应不足特征明显。高技能人才的年轻化流入结构优势不明显。根据高技能人才外部市场属性期望薪酬，苏南试点示范城市群高技能人才期望低薪酬与市场薪酬匹配度较高，流动性较强，高技能人才期望高薪酬与市场薪酬的低匹配度一定程度抑制了高技能人才的聚集程度。

空间相关性和影响因素分析结果综合显示，苏南制造业试点示范城市群流入、流出具有显著空间聚集效应，常州与苏州是高技能人才优质聚集点，试点示范城市群空间地理位置优势对本科水平高技能人才吸引力较强，外部高技能人力资源环境对其高技能人才引入具有一定的负向干扰，这与资料统计结果基本一致。根据资料显示，苏南制造业试点示范城市群是高端制造业的集聚地和新兴产业的先发地，具有独特的高技能人才引进和保留优势，截至 2020 年 9 月底，江苏省高技能人才总量达 435.1 万人，每万名劳动者中高技能人才数达 917 人，位居全国第一位，专业技术人才培养、集聚成效明显，人才驱动创新发展的良好态势基本形成。

二、珠江西岸试点示范城市群空间流动特征分析

1. 空间相关性分析

采用和苏南试点示范城市群相似的分析原理，珠江西岸试点示范城市群的高技能人才的流入全局 Moran'I 空间相关系数为 -0.108，对应 p 值为 0.385，基于距离的聚集效应不显著，根据表 6-7 中空间局部相关系数与离群点、高杠杆点和强影响点分析结果显示，基于阳江相关数据空缺，根据离群值的空间分布（见图 6-2a），阳江是基于数据缺失引起的特殊异常值，佛山和中山对高技能人才流入影响较强，结合相关系数特征，佛山和中山高技能人才流入与邻近区域存在空间异质性差异，高技能人才流入存在一定程度上的溢出效应。

表 6-7　流入空间局部相关性及离群点、高杠杆点和强影响点分析

城市	相关系数	p 值	截距	系数	标准差	Dffits	Cook. d	F 值	Hat
佛山*	-1.000	0.982	0.347	-0.952	2.920	-1.086	0.623	0.427	0.617
顺德	-0.119	0.456	0.654	-0.131	0.452	0.833	0.216	0.187	0.147

续表

城市	相关系数	p值	截距	系数	标准差	Dffits	Cook. d	F值	Hat
中山*	-0.326	0.645	0.011	-0.096	2.225	-0.131	0.011	0.011	0.311
珠海	-0.016	0.397	0.153	-0.016	1.608	0.210	0.026	0.025	0.144
江门	-0.074	0.298	0.110	-0.063	1.920	0.114	0.008	0.008	0.206
阳江*	0.862	0.038*	-1.809	1.332	0.289	-1.809	0.729	0.473	0.312
肇庆	-0.021	0.367	0.008	-0.006	2.121	0.008	0.000	0.000	0.264

注：表中标注符号意义同表6-4。

流出全局空间相关系数为0.200，在0.05的显著性水平下正向溢出效应显著，该区域高技能人才流出存在近距离的强溢出效应，珠江西岸试点示范城市群各城市之间更多体现的是近距离的辐射特征。根据表6-8中空间流出局部相关系数与离群值点、高杠杆点和强影响点分析结果显示，在空间流出人数与其滞后项相关性存在条件下，顺德、阳江和肇庆在预测过程中产生较大误差，属于试点示范城市群中的流出离群值点，其中，阳江属于相关数据空缺的异常点，根据离群值的空间分布（见图6-2b），顺德与肇庆离拟合线接近，显示对高技能人才流出过程中具有一定的溢出效应。综合各试点示范城市特点，珠江西岸试点示范城市群的各城市之间在空间地理位置上的高技能人才聚集关联性不强，高技能人才强聚集的空间优质点较难确定。

表6-8　流出空间局部相关性及离群点、高杠杆点和强影响点分析

城市	相关系数	p值	截距	系数	标准差	Dffits	Cook. d	F值	Hat
佛山	0.061	0.297	0.005	-0.051	2.148	-0.073	0.003	0.003	0.278
顺德*	0.223	0.181	0.252	-0.625	3.354	-0.715	0.295	0.243	0.604
中山	-0.026	0.371	0.575	-0.049	0.440	0.833	0.213	0.185	0.143
珠海	-0.024	0.402	-0.147	-0.020	1.523	-0.252	0.036	0.035	0.144
江门	-0.049	0.248	0.370	-0.189	1.390	0.397	0.084	0.079	0.185
阳江*	0.948	0.027*	-1.454	1.110	0.584	-1.454	0.655	0.441	0.342
肇庆*	0.266	0.155	0.103	-0.075	2.222	0.103	0.007	0.007	0.305

注：表中标注符号意义同表6-4。

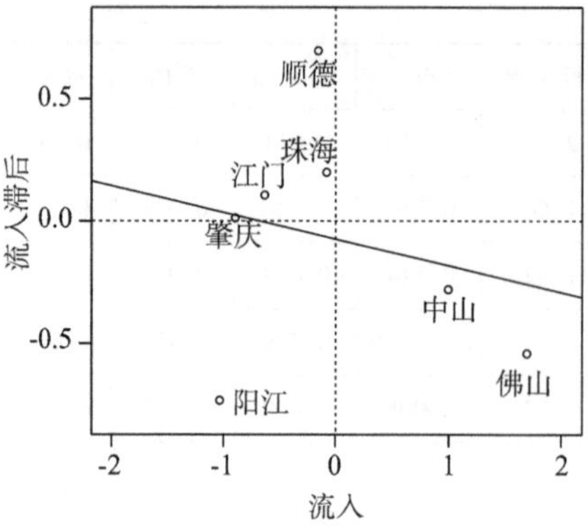

图 6-2a 珠江西岸流入异常点空间分布

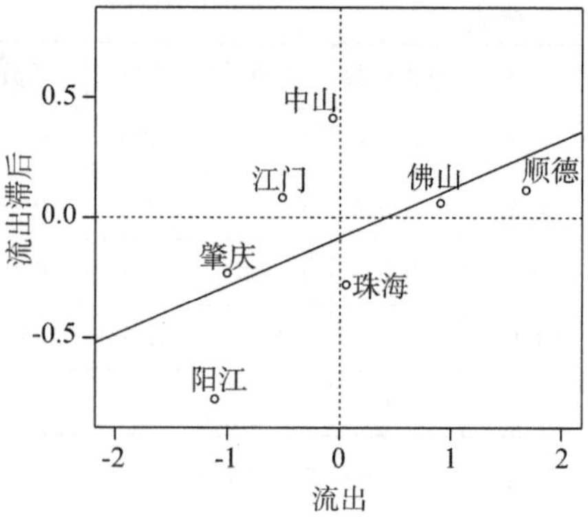

图 6-2b 珠江西岸流出异常点空间分布

2. 空间影响因素和空间传导机制分析

基于流出空间相关性聚集效应显著存在的特点，对其流入和流出特征的直接影响因素与空间传导机制进行分析。其分析结果如表 6-9 所示。

表 6-9 珠江西岸试点示范城市群流入、流出空间回归影响

影响因素	变量	流入		流出	
		滞后系数（σ）	残差系数（λ）	滞后系数（σ）	残差系数（λ）
学历	σ（λ）	-0.599***	-1.333***	0.363	-0.682
	α	12.339	-5.705*	4.987	11.576
	本科	1.120***	0.891***	-0.388	-0.547
	硕士	0.623	0.054	2.220	3.161
	博士	-32.156***	-19.525***	0.964	1.584
性别	σ（λ）	0.222	0.660***	0.419	0.241
	α	4.744	24.473	6.687	29.430
	男性	0.524***	0.667***	0.350	0.382
	女性	-1.514	-2.670*	-0.984	-1.256
年龄	σ（λ）	0.353	0.560	0.241	-1.421***
	α	-7.243	15.771	-11.642	-5.296***
	高年龄	-14.773	-12.746*	13.548***	14.409***
	中年龄	0.651	0.640	1.271***	1.276***
	低年龄	16.529	14.056	-18.089***	-18.954***

续表

影响因素	变量	流入		流出	
		滞后系数（σ）	残差系数（λ）	滞后系数（σ）	残差系数（λ）
期望薪酬	σ（λ）	-0.003	-0.616	0.369	0.640**
	α	5.775	4.301	4.764	26.994
	高薪	-0.405	-0.338	1.951***	2.269***
	低薪	0.913	0.880	-1.418***	-1.721***

注：表中标注符号意义同表6-6。

根据流入分析结果，空间流入模型的各影响因素模型的试点示范城市群空间权重与流动人数形成的空间滞后项系数 σ 和空间残差项系数 λ 的显著性不明显，体现高技能人才技能水平的学历因素的空间滞后项系数和空间残差项系数均显著小于0，珠江西岸试点示范城市群基于空间地理位置的高技能人才流入聚集优势不明显，性别在空间流入传导机制上表现为流入虹吸效应。根据流出分析结果，各影响因素空间流出模型的空间滞后项系数的影响程度表现为不显著，空间自相关残差项系数的显著性不够，年龄在空间流出传导机制上表现为流出抑制效应，期望薪酬在空间流出传导机制上表现为流出加速效应。

就具体的高技能人才空间流动性的影响因素来看，体现高技能人才水平特征的本科学历在空间地理位置和传导机制上均表现为流入的显著聚集效应，博士学历在空间地理位置和传导机制上均表现为流入的显著抑制效应，珠江西岸试点示范城市群基于空间地理位置优势的高、尖端高技能人才吸引力强度有限。在体现高技能人才空间流动性影响因素的自然属性的性别方面，在流入传导机制方面男性表现为显著的流入聚集效应，女性表现为显著的流入抑制效应，对男性高技能人才有一定的虹吸效应；年龄影响方面，在流出传导机制方面中、高年龄表现为显著的流出加速效应，低年龄表现显著的流出抑制效应，呈现出一定的高技能人才年轻化结构的流入优势。在体现高技能人才空间流动性影响因素的外部市场属性方面，在流出传导机制方面期望高薪酬表现为显著的流出加速效应，期望低薪酬表现为相反的流出抑制效应，邻近区域市场薪酬与高技能人才期望低薪酬匹配度相对较高，与期望高薪酬匹配度相对较低。

综合来看，珠江西岸试点示范城市群基于自身空间地理位置的高技能人才流动性特征不够明显，更多体现的是与邻近区域的传导性引致的高技能人才流动。基本呈现本科学历高技能人才流入聚集、硕士高技能人才稳定和博士高技能人才流出相对加速的“金字塔”式的流动性结构。与邻近区域的传导机制上整体体现为男性、年轻化的虹吸效应，高技能人才期望高薪酬与邻近区域市场薪酬匹配度相对较高，满足期望低薪酬的高技能人才流出趋势相对较弱。

三、长株潭衡试点示范城市群空间流动特征分析

1. 空间相关性分析

对长株潭衡试点示范城市群的空间分析结果显示，长株潭衡试点示范城市群高技能人才流入、流出全局空间相关系数分别为 -0.041 和 -0.328，对应的显著性 p 值分别为 0.045 和 0.487，流入空间相关系数绝对值较小，在 0.05 的显著性水平下存在远距离的聚集和溢出效应，长株潭衡试点示范城市群各城市之间高技能人才的流动性关联性较弱，外部环境对各城市的高技能人才流动的关联性更强。

离群点、高杠杆点和强影响点分析结果显示（见表 6-10 和表 6-11），四个城市均表现有流入离群值点特征，其中，株洲和湘潭属于异常值点，长沙和衡阳 Dffits 或 Cook. d 统计量超过强影响点标准，具有强影响点特征，对邻近区域高技能人才流入影响比较大，结合流出离群值特点和空间局部相关系数流入流出负相关特点，长株潭衡试点示范城市群中，省会城市长沙对高技能人才流入与邻近区域具有异质性，对邻近区域的流出具有聚集效应，体现一定的虹吸效应，对邻近城市的高技能人才具有一定吸引力。衡阳与长沙空间流入、空间流出相关特征相反，显示流入集聚溢出和流出异质性效应，显示出较强的高技能人才吸纳能力，资料显示，衡阳具有湖南省第一所培养高技能人才的技师学院——衡阳技师学院，是湖南省培养技能技师的摇篮，是长株潭衡试点示范城市群高技能人才优质集聚

点。株洲对流入和流出表现出一定的异质性特点，该城市高技能人才供需与邻近区域关系密切，其空间分布如图6-3a和图6-3b所示。

表6-10 流入空间局部相关性及离群点、高杠杆点和强影响点分析

城市	相关系数	*p* 值	截距	系数	标准差	Dffits	Cook. d	*F* 值	Hat
长沙*	-0.291	0.464	0.433	-1.296	12.129	-1.546	1.651	0.623	0.843
株洲*	-0.006	0.147	0.031	0.008	5.266	0.057	0.003	0.003	0.255
湘潭*	-0.088	0.216	1.378	-0.679	0.174	1.487	0.382	0.276	0.316
衡阳*	0.220	0.120	-3.952	2.995	0.068	-3.952	1.304	0.566	0.587

注：表中标注符号意义同表6-4。

表6-11 流出空间局部相关性及离群点、高杠杆点和强影响点分析

城市	相关系数	*p* 值	截距	系数	标准差	Dffits	Cook. d	*F* 值	Hat
长沙*	0.134	0.161	1.199	1.454	0.001	6.071	0.357	0.263	0.265
株洲*	-0.682	0.874	0.995	-1.641	3.299	-2.002	1.778	0.640	0.762
湘潭	-0.040	0.168	-0.194	0.091	3.871	-0.277	0.064	0.060	0.280
衡阳*	-0.723	0.796	-0.396	0.324	11.345	-0.405	0.153	0.133	0.693

注：表中标注符号意义同表6-4。

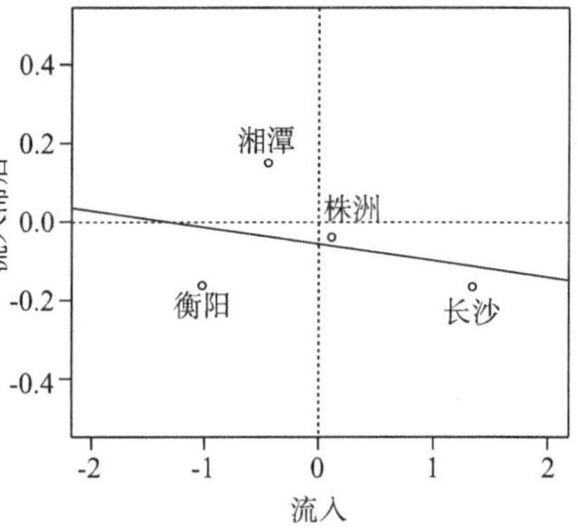

图6-3a 长株潭衡流入异常点空间分布

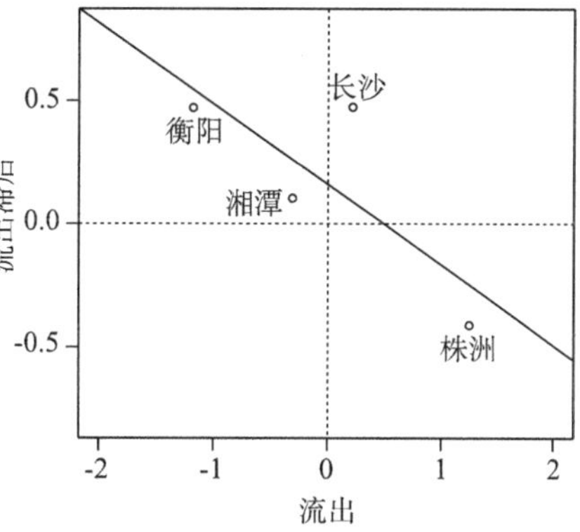

图6-3b 长株潭衡流出异常点空间分布

2. 空间影响因素和传导机制分析

基于长株潭衡试点示范城市群流入空间相关性聚集效应显著存在的特点，对其流入和流出特征的直接影响因素和空间传导机制进行分析。其分析结果如表6-12所示。从整体影响特征看，长株潭衡试点示范城市群高技能人才流动性影响因素对高技能人才流入和流出影响更多的体现为流入和流出的显著抑制效应，长株潭衡试点示范城市群高技能人才流动活跃性相对不足。

表6-12　长株潭衡试点示范城市群流入、流出空间回归影响

影响因素	变量	流入		流出	
		滞后系数（σ）	残差系数（λ）	滞后系数（σ）	残差系数（λ）
学历	σ（λ）	0.600***	-1.354	-1.050***	-1.084***
	α	-7.000***	0.119	19.968***	7.431***
	本科	0.800***	0.685*	-0.378*	-0.849*
	硕士及以上	-75.000***	-60.660	0.892*	1.813*
性别	σ（λ）	-1.355***	-1.004**	-0.967*	-1.500***
	α	9.903***	-1.937	12.893	-14.291***
	男性	1.118***	0.839**	0.586**	1.868***
	女性	-11.290***	-8.050*	-5.551**	-19.015***
年龄	σ（λ）	0.568*	-1.474***	-1.185***	-1.500***
	α	-2.004	3.475***	21.736***	7.253***
	高年龄	-1.041	-0.814***	-0.264	-0.422***
	低年龄	0.404*	0.370***	0.290*	0.455***
期望薪酬	σ（λ）	-0.903*	-0.826	-1.168***	-1.500***
	α	9.549*	1.394	22.417***	8.204***
	高薪	-2.322***	-1.490	0.362	1.285***
	低薪	1.064***	0.748*	-0.082	-0.366***

注：表中标注符号意义同表6-6。

根据流入分析结果，空间流入模型的各影响因素模型的试点示范城市群空间权重与流动人数形成的空间滞后项系数 σ 均表现出显著性，空间残差项系数 λ 表现出部分显著性。具体显著特征为高技能人才技能水平的学历因素表现为空间地理位置的显著流入聚集优势；体现高技能人才自然属性的性别表现为空间地理位置和流入传导机制的流入抑制效应，年龄表现为空间地理位置的流入聚集效应和传导机制的流入抑制效应；期望薪酬表现为空间地理位置的流入抑制效应。流出空间模型分析结果显示，各影响因素空间流出模型的空间滞后项系数与空间自相关残差项系数均表现为流出抑制效应，长株潭衡高技能人才基于空间地理位置和传导机制的流出趋势不明显。

从具体的高技能人才空间流动性影响因素来看，体现高技能人才高技能水平特征的本科学历在空间地理位置上表现为流入的显著聚集效应，在空间地理位置和传导机制上均表现为流出的抑制效应，硕士及以上学历在空间地理位置表现的流入显著抑制效应较强，在空间地理位置和传导机制上均表现为流出的加速效应。长株潭衡试点示范城市群基于空间地理位置优势的高、尖端高技能人才吸引力的力度相对不足。

从体现高技能人才空间流动性影响因素的自然属性来看，性别方面，在空间地理位置和传导机制方面男性表现为显著的流入聚集效应和流出加速效应，女性空间地理位置和传导机制方面表现为显著的流入、流出抑制效应，男性高技能流动性较强，聚集优势不明显，女性高技能人才流动性相对比较弱，结构比较稳定；年龄因素影响方面，中、高年龄在传导机制方面表现为显著的流入、流出抑制效应，低年龄在空间地理位置和传导机制上表现显著的流入聚集效应和流出加速效应。男性或低年龄高技能人才流动性强。

在体现高技能人才空间流动性影响因素的外部市场属性方面，期望高薪酬在流入空间地理位置表现为显著流入抑制效应，在流出传导机制方面均表现为显著的流出加速效应，期望低薪酬表现为流入聚集效应和传导机制的流出抑制效应，流入聚集性较强，一定程度体现期望高薪酬与区域期望薪酬匹配度较低，期望低薪酬与区域期望薪酬匹配度相对较高的特点。

综合来看，根据学历水平，长株潭衡试点示范城市群高技能人才体现为本科高技能人才流入虹吸效应明显，硕士及以上尖端高技能人才对邻近区域的辐射性较强，呈现的是底层本科高技能人才充足，中高硕士、博士高技能人才不足的金字塔形的高技能人才流动性结构。根据高技能人才自然属性，长株潭衡试点示范城市群男性或低年龄高技能人才流入、流出的流动性较强，女性或中、高年龄高技能人才流动性较弱，结构相对比较稳定。根据高技能人才外部市场属性期望薪酬，期望低薪酬与区域期望薪酬匹配度相对较高，流入聚集性较强，期望高薪酬与区域期望薪酬匹配度较低，存在一定的流入抑制性效应。

四、郑洛新试点示范城市群空间相关性分析

对郑洛新试点示范城市群的空间分析结果显示，郑洛新试点示范城市群高技能人才流入、流出全局空间相关系数分别为 -0.998 和 -0.571，对应的显著性 p 值分别为 0.921 和 0.580，均未表现出显著的聚集和区域异质性效应，局部空间系数（见表 6-13 和表 6-14）均未显示显著相关性，显示郑洛新试点示范城市群空间位置特征对高技能人才流入、流出影响不够显著，示范城市对高技能人才的聚集效应个性特征明显，空间相关性较弱。基于郑洛新试点示范群的城市样本数低于变量个数，不能构成空间滞后或空间残差模型，故该部分未对郑洛新试点示范城市群的流动影响因素进行分析。

表 6-13　　流入空间局部相关性分析

城市	相关系数	p 值	Cook. d	F 值	Hat
郑州*	-0.998	0.921	354.944	0.963	0.999
洛阳	-1.077	0.793	0.558	0.312	0.527
新乡	-0.918	0.723	0.451	0.275	0.474

注：表中标注符号意义同表 6-4。

表 6-14　　流出空间局部相关性分析

城市	相关系数	p 值	Cook. d	F 值	Hat
郑州	-0.571	0.580	1.250	0.466	0.714
洛阳*	-1.429	0.905	6.500	0.733	0.929
新乡	0.286	0.133	0.278	0.198	0.357

注：表中标注符号意义同表 6-4。

对郑洛新试点示范城市群的异常点分析结果显示，郑州和洛阳分别具有流入和流出的强影响点特征，与其局部相关性特点结合显示，省会城市郑州对高技能人才流入具有异质性特点，存在一定的虹吸现象，洛阳对高技能人才具有一定流出异质性效应，高技能人才吸纳能力不足。

第五节 制造业试点示范城市群高技能人才空间流动强度分析

根据以上的显著性分析结果，对四个试点示范城市群的高技能人才空间流动强度特征进行比较分析，本章设计的高技能人才空间流入和流出强度指数方法由以下四步完成。

第一步，基于各影响因素对高技能人才影响的主次差异，采用第四章具有一定主观特征的改进层次分析法（G1法）对各变量赋权值，其计算方法如式（6-7）。

$$w_{k-1} = r_k\left(1 + \sum_{k=2}^{m}\prod_{i=k}^{m} r_i\right)^{-1} \tag{6-7}$$

其中，r_i 为第 i 个因子变量重要程度的赋值，其赋值参考标准见表4-14。w_{k-1}为第 $k-1$ 个因子变量的权重，m 为因子变量的个数。

第二步，使用显著优势比评分的规则对各变量的流入或流出影响进行评分。本步骤的评分规则分为三种情况：第一种情况，各影响因素对高技能人才空间流入或流出表现为显著的正向影响，则对该影响因素赋值为3；第二种情况，各影响因素对高技能人才空间流入或流出表现为显著的负向影响，则对该影响因素赋值为1；第三种情况，各影响因素对高技能人才空间流入或流出影响表现为不显著，则对该影响因素赋值为2。

第三步，根据权值和各影响因素赋值，采用式（6-8）计算各影响因素流入和流出强度指数，采用式（6-9）计算各区域高技能人才流入和流出强度指数。

$$P_j = \sum_{i=1}^{n} w_i \times score_i \tag{6-8}$$

$$P = \frac{\sum_{j=1}^{m} P_j}{m} \tag{6-9}$$

其中，P_j 为第 j 个影响因素的流入或流出强度指数，w_i 为影响因素的第 i 类变量权值，$score_i$ 为影响因素第 i 类变量影响程度赋值，n 为影响因素分类数，P 为某区域的综合流入或流出强度指数，m 为影响因素个数。

第四步，根据各影响因素或区域高技能人才流入和流出强度指数，运用式（6－10）计算区域高技能人才各影响因素和区域的流入流出比率，即聚集强度指数。

$$\lambda = \frac{P_{in}}{P_{out}} \tag{6-10}$$

其中，λ 为聚集强度指数或虹吸强度指数，P_{in} 和 P_{out} 分别为各影响因素或区域的高技能人才流入和流出强度指数，一般情况下，聚集强度指数或虹吸强度指数越大，其影响因素或区域的高技能人才聚集能力或虹吸能力越强。

根据第一步分析过程，参考层次分析法变量赋值表和模型中控制变量显著性程度，得到的各因子变量的重要性程度排序为博士（1.2）≥硕士（1.2）≥本科（1.6）≥男性（1.1）≥女性（1.1）≥中龄（1.2）≥低龄（1.1）≥高龄（1.1）≥高薪（1.4）≥低薪，其对应的各因子的权重分别为 0.212、0.177、0.148、0.092、0.084、0.076、0.064、0.058、0.053、0.038。

一、基于空间地理位置的试点示范城市群高技能人才流动性强度分析

根据各试点示范城市群如式（6－5）中空间滞后模型中各影响因素的显著性影响程度的特征，采用式（6－8）和式（6－9）得到的各影响因素和区域的高技能人才流入和流出强度指数，其结果如表 6－15 至表 6－17 所示。

表 6－15　试点示范城市群高技能人才空间滞后流入影响因素赋值和指数得分

城市群	学历			性别		年龄			期望薪酬	
	博士	硕士	本科	男	女	高龄	中龄	低龄	高薪	低薪
苏南	+*	−*	+*	+*	−	+*	−	−*	−*	+*
赋值	3	1	3	3	2	3	2	1	1	3

续表

城市群	学历			性别		年龄			期望薪酬	
	博士	硕士	本科	男	女	高龄	中龄	低龄	高薪	低薪
得分	0.637	0.177	0.443	0.277	0.168	0.229	0.127	0.058	0.053	0.113
珠江西岸	-*	+	+*	+*	-	-	+	+	-	+
赋值	1	2	3	3	2	2	2	2	2	2
得分	0.212	0.354	0.443	0.277	0.168	0.152	0.127	0.115	0.105	0.075
长株潭衡	-*	/	+*	+*	-*	-	/	+*	-*	+*
赋值	1	2	3	3	1	2	2	3	1	3
得分	0.212	0.354	0.443	0.277	0.084	0.152	0.127	0.173	0.053	0.113
郑洛新	/	/	/	/	/	/	/	/	/	/
赋值	2	2	2	2	2	2	2	2	2	2
得分	0.425	0.354	0.295	0.184	0.168	0.152	0.127	0.115	0.105	0.075

注：“+”标识为影响正向优势；“-”标识为影响负向优势；“/”标识不构成影响关系；“*”标识影响显著。郑洛新试点示范城市群空间流入和流出与各影响因素不构成影响关系，此处不做相应分析。

表6-16 试点示范城市群高技能人才空间滞后流出影响因素赋值和指数得分

城市群	学历			性别		年龄			期望薪酬	
	博士	硕士	本科	男	女	高龄	中龄	低龄	高薪	低薪
苏南	-	-	+*	-	-	-*	+*	-*	-*	+*
赋值	2	2	3	2	2	1	3	1	1	3
得分	0.425	0.354	0.443	0.184	0.168	0.076	0.191	0.058	0.053	0.113
珠江西岸	-	-	-	-	-	+*	+*	-*	+*	-*
赋值	2	2	2	2	2	3	3	1	3	1
得分	0.425	0.354	0.295	0.184	0.168	0.229	0.191	0.058	0.158	0.038
长株潭衡	-	+*	-*	+*	-*	-	+*	-	-	-
赋值	2	3	1	3	1	2	3	2	2	2
得分	0.425	0.531	0.148	0.277	0.084	0.152	0.191	0.115	0.105	0.075
郑洛新	/	/	/	/	/	/	/	/	/	/
赋值	2	2	2	2	2	2	2	2	2	2
得分	0.425	0.354	0.295	0.184	0.168	0.152	0.127	0.115	0.105	0.075

注：表中符号含义同表6-15。

表 6-17　试点示范城市群高技能人才空间滞后流入、流出强度指数

城市群	学历		性别		年龄		期望薪酬		综合评价	
	流入	流出	流入	流出	流入	流出	流入	流出	流入	流出
苏南	0.419	0.407	0.222	0.176	0.138	0.108	0.083	0.083	0.861	0.774
珠江西岸	0.336	0.358	0.222	0.176	0.132	0.159	0.090	0.098	0.780	0.790
长株潭衡	0.336	0.368	0.180	0.180	0.151	0.153	0.083	0.090	0.750	0.791
郑洛新	0.358	0.358	0.176	0.176	0.132	0.132	0.090	0.090	0.755	0.755

根据表 6-16 至表 6-17 的分析结果，在空间地理位置优势上，苏南试点示范城市群的流入综合强度指数最高，为 0.861，流出综合强度指数最低，为 0.774，表现较强的聚集高技能人才的空间地理位置优势，其次为珠江西岸试点示范城市群，其流入和流出均处于第 2 位，长株潭衡试点示范城市群流入综合强度指数较低，流出综合强度指数较高，其空间地理位置的高技能人才聚集优势相对较弱。

根据表 6-17 的流入、流出结果，对其流入和流出强度比率特征进行高技能人才的聚集强度分析，其分析结果，如表 6-18 所示，与流入、流出强度结果基本一致，各因素对苏南试点示范城市群的流入、流出强度比率值最高，为 1.113，体现较强的空间流入聚集优势，其次为珠江西岸试点示范城市群，流入、流出强度比率值相对较低的为长株潭衡试点示范城市群。在影响强度比率值的各因素中，综合来看，对流入、流出比率强度比率贡献较大的为年龄和性别的高技能人才的自然属性特征，其次为体现高技能人才技能水平的学历特征，期望薪酬贡献相对较小，即各试点示范城市群在空间地理位置优势上均体现为对高技能人才自身属性特征的聚集效应，其次为体现技能水平特征的学历因素，体现市场特征的期望薪酬对高技能人才流动性影响相对较弱。

表 6-18　试点示范城市群高技能人才空间滞后聚集强度指数

城市群	学历	性别	年龄	期望薪酬	指标综合
苏南	1.029	1.262	1.274	1.000	1.113
珠江西岸	0.940	1.262	0.828	0.923	0.987
长株潭衡	0.915	1.000	0.987	0.917	0.948
郑洛新	1.000	1.000	1.000	1.000	1.000

二、基于空间流动机制的试点示范城市群高技能人才流动强度分析

根据各试点示范城市群如式（6－6）空间残差模型中各影响因素的显著性影响程度的特征，采用式（6－8）和式（6－9）得到的各影响因素和区域的高技能人才流入和流出强度指数如表6－19至表6－21所示。

表6－19　试点示范城市群高技能人才空间残差流入影响因素得分

城市群	学历			性别		年龄			薪酬	
	博士	硕士	本科	男	女	高龄	中龄	低龄	高薪	低薪
苏南	－*	－*	＋*	＋*	－*	＋*	－*	－*	－*	＋*
赋值	1	1	3	3	1	3	1	1	1	3
得分	0.212	0.177	0.443	0.277	0.084	0.229	0.064	0.058	0.053	0.113
珠江西岸	－*	＋	＋*	＋*	－*	－*	＋	＋	－	＋
赋值	1	2	3	3	1	1	2	2	2	2
得分	0.212	0.354	0.443	0.277	0.084	0.076	0.127	0.115	0.105	0.075
长株潭衡	－	－	＋*	＋*	－*	－*	/	＋*	－	＋*
赋值	2	2	3	3	1	1	2	3	2	3
得分	0.425	0.354	0.443	0.277	0.084	0.076	0.127	0.173	0.105	0.113
郑洛新	/	/	/	/	/	/	/	/	/	/
赋值	2	2	2	2	2	2	2	2	2	2
得分	0.425	0.354	0.295	0.184	0.168	0.152	0.127	0.115	0.105	0.075

注：表中符号含义同表6－15。

表6－20　试点示范城市群高技能人才空间残差流出影响因素得分

城市群	学历			性别		年龄			薪酬	
	博士	硕士	本科	男	女	高龄	中龄	低龄	高薪	低薪
苏南	－*	＋*	－*	＋*	－*	－*	＋*	－*	－*	＋*
赋值	1	3	1	3	1	1	3	1	1	3
得分	0.212	0.531	0.148	0.277	0.084	0.076	0.191	0.058	0.053	0.113
珠江西岸	－	－	－	－	－	＋*	＋*	－*	＋*	－*
赋值	2	2	2	2	2	3	3	1	3	1

续表

城市群	学历			性别		年龄			薪酬	
	博士	硕士	本科	男	女	高龄	中龄	低龄	高薪	低薪
得分	0.425	0.354	0.295	0.184	0.168	0.229	0.191	0.058	0.158	0.038
长株潭衡	-	+*	-*	+*	-*	-*	+*	0	+*	-*
赋值	2	3	1	3	1	1	3	0	3	1
得分	0.425	0.531	0.148	0.277	0.084	0.076	0.191	0.000	0.158	0.038
郑洛新	/	/	/	/	/	/	/	/	/	/
赋值	2	2	2	2	2	2	2	2	2	2
得分	0.425	0.354	0.295	0.184	0.168	0.152	0.127	0.115	0.105	0.075

注：表中符号含义同表6-15。

表6-21 试点示范城市群高技能人才空间残差流入、流出强度指数

城市群	学历		性别		年龄		薪酬		综合评价	
	流入	流出	流入	流出	流入	流出	流入	流出	流入	流出
苏南	0.277	0.297	0.180	0.180	0.117	0.108	0.083	0.083	0.657	0.668
珠江西岸	0.336	0.358	0.180	0.176	0.106	0.159	0.090	0.098	0.713	0.790
长株潭衡	0.407	0.368	0.180	0.180	0.125	0.089	0.109	0.098	0.821	0.734
郑洛新	0.358	0.358	0.176	0.176	0.132	0.132	0.090	0.090	0.755	0.755

根据表6-19至表6-21的分析结果，在空间传导机制优势上，长株潭衡试点示范城市群的流入强度综合得分最高，为0.821，高于其流出强度综合指数，体现其对相邻区域的辐射效应强于虹吸效应；珠江西岸试点示范城市群的流出综合强度指数最高，为0.790，高于其流入综合强度指数，体现其对相邻区域的高辐射效应，并强于其虹吸效应。综合来看，建设相对较为成熟的制造业试点示范城市群对相邻区域的辐射效应一般要高于其虹吸效应，反之则表现较强的虹吸效应。

根据表6-21基于传导机制的流入、流出强度分析结果，运用流入和流出强度比率特征进行高技能人才的虹吸强度分析，其分析结果如表6-22所示，各因素对长株潭衡试点示范城市群的流入、流出强度比率值最高，为1.119，体现出对相邻区域较强的虹吸优势，其次为苏南试点示范城市群，虹吸强度相对较低的为珠江西岸试点示范城市群。在影响虹吸强度指数的各因素中，基于空间传导机制的随机性较强，各试点示范城市群的影响因素对区域虹吸强度的影响不具有基于空间地理位置聚集效应体现的规律性，更多体现的是基于区域高技能人才流动环境的随机性影响，各影响因素虹吸强度的解释能力有限。

表6-22　试点示范城市群高技能人才空间残差虹吸强度指数

城市群	学历	性别	年龄	薪酬	指标综合
苏南	0.934	1.000	1.078	1.000	0.983
珠江西岸	0.940	1.024	0.668	0.923	0.902
长株潭衡	1.107	1.000	1.411	1.115	1.119
郑洛新	1.000	1.000	1.000	1.000	1.000

第六节　本章小结

本章采用空间相关系数与空间滞后和误差模型对我国4个制造业试点示范城市群高技能人才相关大数据进行空间流动特征和影响因素的比较分析，结论如下。

第一，高技能人才是我国由中国制造向中国创造转变的核心力量，制造业试点示范城市群因其地理位置、经济发展现状、政府关注程度和高技能人才个性特征等因素会使高技能人才在各试点示范城市群呈现不同空间流动特征。使用大数据技术与空间统计方法结合的方式对各试点示范城市群高技能人才流动特征、影响因素和空间传导机制进行比较研究，能够从空间上较深入地了解各试点示范城市群总体流动特征以及引起该特征的影响因素和流动机制，寻求吸纳制造业高技能人才的优质空间点和流动模式。

第二，全局相关系数显示，全局空间相关系数流入或流出聚集效应显著的试点示范城市群显示出较强的高技能人才吸纳能力。苏南制造业试点示范城市群流入和流出具有显著的近距离的聚集和溢出效应，试点示范城市群内各城市之间基于空间地理位置的近距离相互吸纳和辐射的关联性较强，空间地理位置优势明显；珠江西岸显示显著的流出溢出效应，试点示范城市群中各城市之间基于空间地理位置的近距离相互辐射的关联性较强，相互吸纳的关联性不明显，空间地理位置优势不明显；长株潭衡试点示范城市群显示显著的远距离流入聚集和流出溢出效应，试点示范城市群内各城市之间基于空间地理位置的远距离相互聚集和辐射的关联性较强，这种负向关联特征显示该试点示范城市群中城市之间本质关联性较弱，各城市的强聚集和强辐射效应更多来自外部环境的影响；郑洛新试点示范城市群流入、流出全局空间相关系数均不显著，该试点示范城市群各城市之间高技能人才流动性较随机，与空间地理位置的距离关联性较弱。综合结果显示，我国东南沿海地区试点示范城市群内各城市之间的高技能人才流动性较强，城市之间高技能人才的相互聚集和辐射的特征较明显，试点示范城市群发展比较成熟。中、北部地区的试点示范城市群各城市之间高技能人才流入和流出相对比较随机，城市之间高技能人才的互动流动性相对较弱，城市自身的高技能人才聚集更多依赖于试点示范城市群之外的环境的辐射效应。

第三，在区域流入和流出聚集和溢出效应显著的条件下，通过空间离群点一定程度上能寻求到区域高技能人才吸纳的优质空间点。根据各试点示范城市群离群值点的分析，苏南制造业试点示范城市中苏州和常州高技能人才流动对城市群影响较大，是高技能人才优质吸纳空间点；珠江西岸试点示范城市群中，顺德与肇庆对高技能人才流出过程中具有一定的聚集溢出影响，缺乏对高技能人才具有强聚集效应的显著优质聚集点；长株潭衡试点示范城市群中衡阳可作为高技能人才优质聚集点；郑洛新示范城市中郑州高技能人才吸纳能力较强。

第四，区域基于空间地理位置和空间传导机制的高技能人才流动性特征个性特征较为明显，流动性影响因素与截面自主流动相关结论基本一致。区域空间地理位置优势和空间传导机制分析显示，各试点示范城市群基于空间地理位置和空间传导机制的高技能人才流动特征的个性特征明显，苏南试点示范城市群具有空间位置优势的高聚集性、对邻近区域的强辐射特征；珠江西岸试点示范城市群基于自身空间地理位置的高技能人才流动性特征不够明显，更多体现的是与邻近区域的传导性引致的高技能人才流动；长株潭衡试点示范城市群高技能人才流动性影响因素更多地体现为流入和流出的显著抑制效应，即高技能人才流动性活跃性相对不足。各试点示范城市群高技能人才流动的影响因素有一定差异性，相同点显示，体现高技能人才水平的本科学历高技能人才流动比较活跃，相关技能人才比较充足，体现高、尖端的硕士或博士学历的高技能人才的流动性较弱，区域内相关层次的高技能人才结构比较稳定，聚集强度不足；自然属性方面，整体体现男性或年轻性高技能人才流入、流出的流动性比较强，中南部的珠江西岸和长株潭衡试点示范城市群高技能人才具有一定的年轻化优势；市场特征方面，各区域高技能人才期望低薪酬与市场薪酬匹配度均相对较高，低薪酬引致的流动较强，高薪酬一定程度会抑制高技能人才流动。综合显示，高技能人才在空间流动过程中，首先考虑的基于自身自然属性和满足最低外部条件下的流动性条件，高学历和高薪酬等外部条件一定程度会抑制高技能人才的流动，即具备高学历和高薪酬的高技能人才的工作稳定性较强，流动性较弱，这与高技能人才截面自主流动性特征基本一致。

第五，根据流入、流出强度指数分析结果显示，苏南试点示范城市群在空间地理位置的流入强度指数和综合聚集强度指数较大，高技能人才流入聚集强度较大，其次为珠江西岸和长株潭衡试点示范城市群。其中，体现高技能人才自然属性的性别和年龄因素是综合聚集强度的主要贡献因素，其次为学历因素和期望薪酬因素，该结论与空间流动影响因素的分析结果基本一致，即高技能人才在流入过程中，一般会在基于自身自然属性因素确定可以流动的基础上再去考虑外界因素对流入的附加效应。基于空间传导机制的虹吸强度指数显示，发展相对不够成熟的长株潭衡试点示范城市群具有较大的虹吸强度指数，虹吸效应较强，发展相对较为成熟的苏南和珠江西岸试点示范城市群相对较低，基于空间传导机制的随机性和不可控因素多且复杂，各试点示范城市群对虹吸强度指数的综合贡献特征的共性较弱，个性特征比较明显。

第七章

“中国制造2025”试点示范城市群高技能人才供需优化匹配研究

第一节　高技能人才供需匹配相关研究

随着“制造强国”战略的深入实施和“中国制造 2025”重大战略的逐步推进，“中国制造 2025”试点示范城市群作为我国重要的制造业集群，需要不断强化制造业集群优势，将其建设为引领示范方阵，逐步带动全国制造业实现转型升级新突破。制造业转型升级新突破需要大量高技能人才支撑，在高技能人才有限的条件下如何实现高技能人才供需优化匹配，实现高技能人才与企业的精准对接，提高高技能人才利用效率、缓解结构性紧缺是当前社会持续关注的热点问题。对我国四个重要的制造业试点示范城市群的高技能人才截面供需匹配和空间供需匹配进行研究一定程度能够体现我国制造业企业与高技能人才的供需匹配特征，对制定区域高技能人才引进、保留和利用措施提供重要的决策依据。

在制造业企业与高技能人才的供需匹配的实际研究过程中，学者们多从宏观角度基于产业人才结构偏离度方法研究制造业与高技能人才之间结构、供需等匹配问题。王蓉（2022）[85]通过构造的“人力资本—制造业”结构匹配度指标体系研究认为高质量的人力资本结构能够显著提升高技能人才供给与需求匹配度，从而提高制造业生产效率。戴翔（2018）[86]研究进一步认为，制造业价值链攀升不仅仅只受单一的人力资本质量的影响，高技能人才与技术和制度的质量匹配适宜度与我国制造业价值链攀升存在正向关系。皮江红（2022）[87]认为高技能人才质量匹配适宜度在新兴制造领域的价值链攀升更明显。大量实证研究显示，我国制造业结构和高技能人才的匹配程度和区域分布有一定关联性，我国浙江省（张希，2016）[88]和辽宁省（梁涛，2011）[89]等区域均存在不同程度的制造业和高技能人才结构不匹配问题，上海制造业和高技能人才结构的静态匹配度较高（胡雯，2018）[90]，我国东部和西部地区制造业结构与劳动力素质结构的吻合度有逐步提高的发展趋势（王志华，2012）[91]。在大量宏观角度研究高技能人才与制造业的结构和供需等各类匹配问题的基础上，学者们逐步开始关注高技能人才与制造业在微观角度的匹配度问题，Jackman（1987）[92]研究认为，影响劳动力匹配的主要因素是学历、工作经验和薪酬，这些因素特征在微观视角体现得更细致，基于微观视角的高技能人才与制造业的匹配度研究同样具有重要的意义，微观研究成果和宏观研究成果一样，区域特征较明显。潘静（2019）[93]研究显示，广东省和佛山市的技能人才和制造业存在较严重的技能水平、学历和工作经验不匹配问题。徐升艳（2020）[94]研究显示，影响镇江市制造业高技能人才供需匹配的主要是学历和薪酬因素，工作经验影响不够显著。Padoa - Schioppa（2008）[95]和Sahin等（2012）[96]认为，企业部门、地理和人口是高技能人才供需匹配的影响因素。杨烨（2021）[97]认为，我国高技能人才质量与制度质量的匹配强度与制造业高质量发展正相关。

综合以上研究成果，我国高技能人才与制造业的供需匹配度在宏观或微观上均存在不同程度的结构、因素和形态不匹配问题，宏观多从制造业结构和高技能人才结构匹配角度进行研究，微观多从制造业和高技能人才的因素匹配角度进行研究，方法上多采用基于总供需的产业人才结构偏离度方法或供需比率法进行研究。以上多是从静态或单一供需指标角度的研究，基于高技能人才流动性和匹配强度角度的多类型供需优化匹配指数研究鲜有提及，这方面的研究成果需要不断补充完善。本章是基于高技能人才流动性和匹配强度角度的多类型供需优化匹配指数研究，主要研究特点为，第一，对我国四个“中国制造 2025”试点示范城市群高技能人才的截面供需匹配和空间供需匹配进行研究，是具有中国制造业特色的高技能人才供需优化匹配特征研究，阶段性的本土研究特色显著。第二，从高技能人才和制造业企业供需微观角度，设计截面和空间供需优化匹配度指数体系以及截面和空间供需优化匹配度指数算法，是当前高技能人才截面供需优化匹配影响因素研究成果的进一步深度和维度理论研究的拓展，也是对当前高技能人才静态供需匹配研究的进一步动态化供需匹配研究的探究，能够多维度、多形态分析高技能人才的供需优化匹配特征，是对前人高技能人才供需匹配算法的更具体、更丰富和更优化的研究。第三，采用设计的截面和空间供需优化匹配度指数体系以及截面和空间供需优化匹配度指数算法对高技能人才截面和空间供需优化匹配强度进行因素和综合评价研究，能够从高技能人才供给流入强度、制造业企业需求偏好强度、区域空间地理位置、区域空间传导机制以及高技能人才和制造业企业的特征等多角度系统分析高技能人才供需匹配度问题，是相对前人静态和指标单一匹配算法的更优化的算法，能够进一步完善和系统化相关研究成果，同时也为政府相关职能部门提供更丰富的理论支撑思路和决策依据。

第二节 供需优化匹配指数体系和指数算法设计

在前面高技能人才的需求偏好程度、供给自主截面流入程度与空间流入程度的研究基础上，本章将进一步对四个试点示范城市群的高技能人才的供需匹配程度进行研究。在供需匹配对象确定过程中，基于第四章高技能人才需求特征和第五、六章供给指数的一致性和可比性，本章主要从学历、薪酬和综合三个方面进行匹配分析。本章设计的高技能人才供需优化匹配指数分析方法由以下两步完成。

第一步，编制高技能人才截面供需优化匹配指数体系和空间供需优化匹配指数体系。将第四章的企业需求偏好程度影响因素设计为区域高技能人才需求强度量化指标，将第五章高技能人才自主流入强度影响因素设计为高技能人才截面供给强度量化指标，将第六章高技能人才空间流入强度影响因素设计为高技能人才空间供给强度量化指标，从而从截面和空间两个方面构建高技能人才供需优化匹配指标，其具体各类指标体系结构如表7-1所示。

表7-1 高技能人才供需优化匹配度指标体系

需求指数（企业需求）			供给指数（自主流入或空间流入）	
企业分类	匹配度指数	指标	指数	指标
规模企业 类型企业 企业综合	学历	博士 硕士 本科	学历	博士 硕士 本科
	薪酬	招聘高薪 招聘低薪	薪酬	期望高薪 期望低薪
	工作经验	5年以上 3~5年 1~3年	年龄	高龄 中龄 低龄
			性别	男 女

表7-1中，企业高技能人才需求偏好和高技能流入供给中均有学历和薪酬影响因素，可以形成供给和需求的对应供需关系，构成高技能人才学历和薪酬供需优化匹配度指数；同时将需求和供给的所有影响因素综合形成高技能人才供需综合匹配度指数。

在研究高技能人才流入供给过程中，将流入供给分为截面自主流入和空间流入两种类型，故将高技能人才供需优化匹配指数分为截面供需优化匹配指数和空间供需优化匹配指数两个大类。同时，在研究高技能人才需求偏好过程中，对需求企业进行了规模企业和类型企业的分类，故在已有的高技能人才截面和空间供需优化匹配度指数的基础上，将每类供需优化匹配指数分为规模企业类型、类型企业类型和企业综合类型三类，从而整体形成两大类和三小类的高技能人才供需优化匹配度指数，其具体分类结构如表7－2所示。后续研究将基于截面和空间供需优化匹配度两大类基础上分别进行三小类的供需优化匹配度分析。

表7－2　　　　高技能人才供需优化匹配度类型

<table>
<tr><th>匹配指数分类</th><th>匹配指数维度分类</th><th>企业分类</th><th>指标</th></tr>
<tr><td rowspan="3">学历匹配度</td><td rowspan="7">截面供需优化匹配度
空间供需优化匹配度
（空间滞后、空间残差）</td><td rowspan="7">规模企业
类型企业
企业综合</td><td>博士</td></tr>
<tr><td>硕士</td></tr>
<tr><td>本科</td></tr>
<tr><td rowspan="2">薪酬匹配度</td><td>高薪</td></tr>
<tr><td>低薪</td></tr>
<tr><td rowspan="2">指数综合匹配度</td><td>需求指标</td></tr>
<tr><td>供给指标</td></tr>
</table>

第二步，根据高技能人才的需求和供给强度量化指标，采用式（7－1）计算供需优化匹配度指数。匹配度分析主要包括三个方面，一是体现高技能人才技能水平的供需学历匹配度比较分析，二是体现薪酬特征的供需薪酬匹配度比较分析，三是基于区域综合水平的供需综合匹配度比较分析。

$$\text{供需学历（薪酬或综合）匹配度}=\frac{\text{学历（薪酬或综合）供给强度指数}}{\text{学历（薪酬或综合）需求强度指数}} \quad (7-1)$$

其中，高技能人才供给强度越大，需求强度越弱，则需求选择空间相对越大，区域高技能人才匹配相对度越高。

第三节　高技能人才截面供需优化匹配度分析

根据第四章表4－21和表4－22的四个试点示范城市群高技能人才需求偏好程度分析整理结果如表7－3所示，结合第五章表5－9的四个试点示范城市群截面自主流入（即供给）程度分析整理结果如表7－4所示。采用式（7－1）的计算过程，得到的我国制造业四个试点示范城市群的高技能人才匹配结果如表7－5所示。

表7-3 高技能人才需求偏好（即需求）强度指数

城市群	学历		工作经验		薪酬		指标综合		企业综合		
	规模	类型	规模	类型	规模	类型	规模	类型	学历	薪酬	指标综合
苏南	1.029	1.079	0.772	0.613	0.215	0.172	2.015	1.864	1.054	0.193	1.939
珠江西岸	1.423	0.898	0.856	0.727	0.172	0.172	2.451	1.796	1.161	0.172	2.124
郑洛新	1.153	1.135	0.720	1.072	0.257	0.129	2.131	2.336	1.144	0.193	2.234
长株潭衡	1.227	1.275	0.869	0.720	0.215	0.129	2.310	2.124	1.251	0.172	2.217

表7-4 高技能人才截面供给强度指数

城市群	学历	性别	年龄	薪酬	指标综合
苏南	0.418	0.410	0.228	0.190	1.245
珠江西岸	0.664	0.410	0.341	0.190	1.605
郑洛新	0.418	0.273	0.285	0.190	1.165
长株潭衡	0.541	0.273	0.228	0.190	1.232

表7-5 高技能人才截面供需优化匹配度指数

城市群	规模企业匹配度			类型企业匹配度			企业综合		
	学历	薪酬	指标综合	学历	薪酬	指标综合	学历	薪酬	指标综合
苏南	0.406	0.885	0.618	0.387	1.106	0.668	0.397	0.983	0.642
珠江西岸	0.467	1.106	0.655	1.292	1.106	1.182	0.572	1.106	0.756
郑洛新	0.362	0.737	0.547	1.008	1.475	0.956	0.365	0.983	0.522
长株潭衡	0.441	0.885	0.533	0.981	1.475	1.044	0.432	1.106	0.555

一、学历匹配度分析

根据表7-5高技能人才水平的学历匹配度指数分析结果，从区域的匹配度看（见图7-1），珠江西岸试点示范城市群的供需学历匹配度最高，在高技能人才的供需匹配方面的优势比较明显，其次为苏南和长株潭衡试点示范城市群，相对较弱的是郑洛新试点示范城市群。结合珠江西岸高技能人才高自主流入特点，一定程度体现高技能人才自主流入较强区域其高技能人才供需学历匹配度较高，高技能人才结构性紧缺问题相对较低，增强区域高技能人才自主流入强度一定程度能够缓解高技能人才结构性紧缺问题。

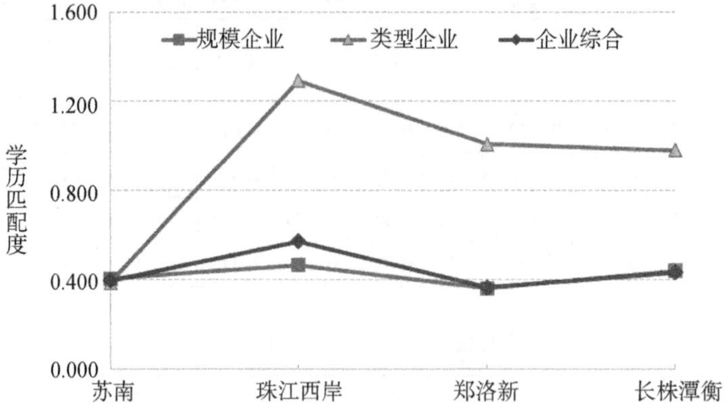

图 7-1　高技能人才学历匹配度分布特征

从分类企业的高技能人才供需匹配看（见图 7-1），类型企业的高技能人才学历匹配度最高，一定程度体现在我国经济体制内，基于国营企业工作的高稳定性和高福利等优势，高学历高技能人才向国营企业的自主流入的偏好较明显，国营企业的高技能人才供给相对较为充足；规模企业与企业综合的高技能人才的学历匹配度的发展趋势基本一致，规模企业高技能人才学历供需匹配度更能体现当前我国制造业高技能人力资源市场供需匹配现状，高技能人才的学历匹配度相对较低，满足规模企业高技能人才水平需求的供给略显不足，我国大、中型制造业企业一定程度存在高技能人才数量和结构性紧缺问题。试点示范城市群发展相对不够成熟的郑洛新城市群的紧缺程度相对更明显。综合来看，制造业发展较为成熟的珠江西岸试点示范城市群的基于学历因素的截面自主流入性较强，其高技能人才供需学历匹配度较高，国营企业基于截面自主流入方面的供需学历匹配优势明显。

二、薪酬匹配度分析

根据表 7-5 高技能人才薪酬匹配度指数分析结果，从区域的匹配度看（见图 7-2），苏南和珠江西岸、郑洛新和长株潭衡试点示范城市群的高技能人才薪酬匹配度因企业特征差异较大，制造业试点示范城市群发展相对不够成熟区域高技能人才期望薪酬和企业招聘薪酬对区域高技能人才的供需薪酬匹配影响更明显，苏南和珠江西岸试点示范城市群各类薪酬匹配度的差异性较小，制造业试点示范城市群发展相对成熟区域的人力资源市场发展较为成熟，高技能人才供需双方薪酬信息较为对称，类型企业和规模企业的高技能人才供需匹配程度差异较小，发展相对不够成熟的试点示范城市群的类型企业的高技能人才薪酬供给优势比较，其薪酬供需匹配度与规模企业薪酬供需匹配度差异性较大。从企业分类的薪酬匹配分布看，类型企业的薪酬匹配度较高，高技能人才期望薪酬相对企业招聘薪酬对高技能人才的供需匹配影响更为强烈，高技能人才对国营企业的高福利优势比较偏好，其高技能人才供给较强，基于企业规模分类的大、中型企业的高技能人才供给相对偏弱。

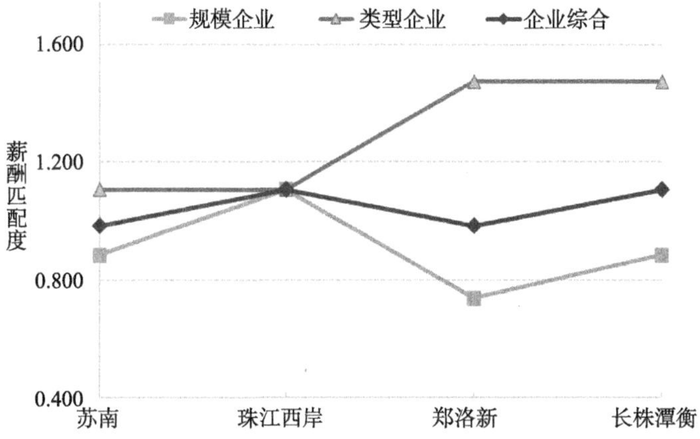

图7-2 高技能人才薪酬匹配度分布特征

综合来看，制造业试点示范城市群发展相对较为成熟的苏南和珠江西岸试点示范城市群基于企业特征差异引致的薪酬匹配度变化较小，发展相对不够成熟的试点示范城市群类型企业的薪酬匹配度优势较明显。

三、综合匹配度分析

根据表7-5高技能人才等级的综合匹配度得到的四个试点示范城市群的综合匹配分布特征如图7-3所示。

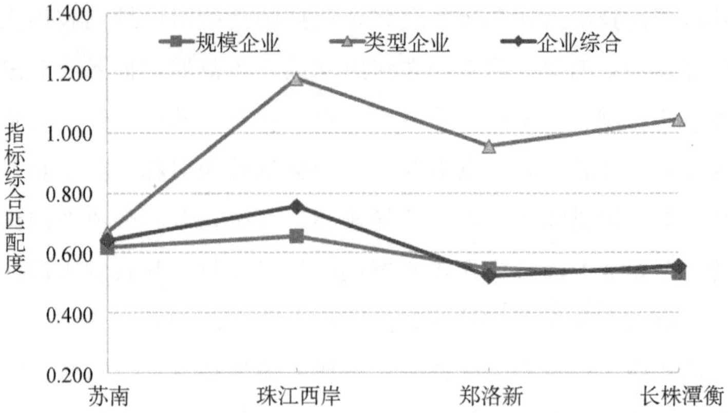

图7－3　高技能人才综合匹配度分布特征

根据图7－3，从综合匹配度的区域分布看，珠江西岸试点示范城市群的综合匹配度较高，三种类型的高技能人才的供需综合匹配度值均最高，高技能人才整体的供需匹配优势明显，体现制造业强省在引入和保留综合高素质高技能人才方面的成效显著，珠江西岸试点示范城市群在制造业发展和高技能人才供需方面形成了良好的循环机制，制造业发展方面的高技能人才优势明显。其次为苏南试点示范城市群，郑洛新和长株潭衡试点示范城市群的高技能人才供需综合匹配度相对较低。我国大部分区域的高技能人才的供需处于一种不均衡和结构性短缺状态，一定程度制约这些区域制造业的发展。从企业分类匹配度的分布看，类型企业的高技能人才供需综合匹配度最高，体现国营企业在高技能人才供给方面具有高学历、高薪酬和高综合素质的多重优势，这也与学者们（徐升艳，2020）[98]的研究结论基本一致。规模企业和企业综合匹配的分布特征基本一致，展现的高技能人才供需的人力资源市场特征明显。我国试点示范城市群高技能人才市场供需不够均衡，高技能人才整体供给水平相对不足。

综合来看，制造业发展相对较为成熟苏南和珠江西岸试点示范城市群的高技能人才供需综合匹配较高，各因素对高技能人才的自主流入具有较强的综合正向影响，高技能人才供给相对较足，基于国营企业相对高薪酬和高稳定等职业优势，类型企业的高技能人才吸引优势较为明显，高技能人才具有一定的维稳工作趋向。

第四节 高技能人才空间供需优化匹配度分析

根据表7-1的高技能人才需求偏好强度指标评价结果和第六章表6-17的高技能人才空间自主流入强度（即供给）评价整理结果（见表7-6），采用式（7-1）的计算过程，得到的我国制造业四个试点示范城市群的高技能人才空间滞后供需优化匹配度指数结果如表7-7所示。

表7-6 高技能人才空间滞后供给强度指数

城市群	学历	性别	年龄	薪酬	指标综合
苏南	0.419	0.222	0.138	0.083	0.861
珠江西岸	0.336	0.222	0.132	0.090	0.780
长株潭衡	0.358	0.176	0.132	0.090	0.755
郑洛新	0.336	0.180	0.151	0.083	0.750

注：郑洛新试点示范城市群不能够构成空间模型，本部分给其赋值为平均水平。

表7-7 高技能人才空间滞后供需优化匹配强度指数

城市群	规模企业匹配度			类型企业匹配度			企业综合		
	学历	薪酬	指标综合	学历	薪酬	指标综合	学历	薪酬	指标综合
苏南	0.407	0.385	0.427	0.388	0.481	0.462	0.397	0.427	0.444
珠江西岸	0.236	0.524	0.318	0.374	0.524	0.434	0.290	0.524	0.376
长株潭衡	0.274	0.385	0.325	0.264	0.641	0.353	0.269	0.481	0.338
郑洛新	0.310	0.350	0.355	0.315	0.699	0.323	0.313	0.466	0.338

根据表7-7得到四个试点示范城市群高技能人才空间滞后的学历匹配度、薪酬匹配度和综合匹配度的分布特征如图7-4a至图7-6a所示。

根据表7-1的高技能人才需求偏好强度指标评价结果和第六章表6-19的高技能人才空间残差流入强度（即供给）评价整理结果，如表7-8所示，采用式（7-1）的计算过程，得到的我国制造业四个试点示范城市群的高技能人才空间残差供需优化匹配指数结果如表7-9所示。

表 7-8　　高技能人才空间残差供给强度指数

城市群	学历	性别	年龄	薪酬	指标综合
苏南	0.277	0.180	0.117	0.083	0.657
珠江西岸	0.336	0.180	0.106	0.090	0.713
长株潭衡	0.407	0.180	0.125	0.109	0.821
郑洛新	0.358	0.176	0.132	0.090	0.755

表 7-9　　高技能人才空间残差供需优化匹配强度指数

城市群	规模企业匹配度			类型企业匹配度			企业综合		
	学历	薪酬	指标综合	学历	薪酬	指标综合	学历	薪酬	指标综合
苏南	0.270	0.385	0.326	0.257	0.481	0.352	0.263	0.427	0.339
珠江西岸	0.236	0.524	0.291	0.374	0.524	0.397	0.290	0.524	0.344
长株潭衡	0.332	0.507	0.356	0.319	0.845	0.387	0.325	0.634	0.371
郑洛新	0.310	0.350	0.355	0.315	0.699	0.323	0.313	0.466	0.338

根据表 7-9 得到四个试点示范城市群高技能人才空间残差的学历匹配度、薪酬匹配度和综合匹配度的分布特征如图 7-4b 至图 7-6b 所示。

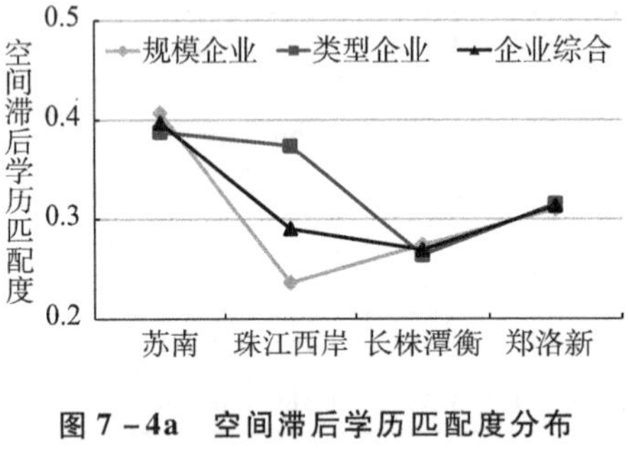

图 7-4a　空间滞后学历匹配度分布

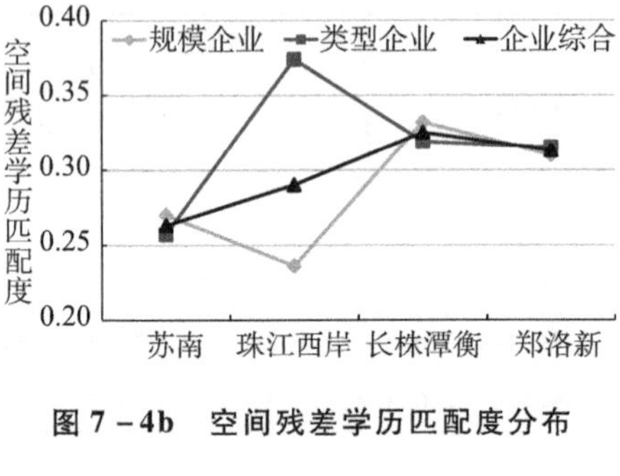

图 7-4b　空间残差学历匹配度分布

一、空间供需学历匹配度分析

从空间供需学历匹配度类型看，苏南和长株潭衡试点示范城市群的空间滞后和空间残差的规模企业、类型企业和企业综合的高技能人才供需学历匹配度指数基本重合，差异微弱，其空间地理位置聚集和空间传导机制的外部环境对规模企业和类型企业的相应空间滞后和空间残差的供需学历匹配度影响程度基本一致；珠江西岸试点示范城市群的类型企业和规模企业高技能人才空间滞后和空间残差供需学历匹配度差异均较大，类型企业的高技能人才空间滞后和残差供需学历匹配度均高于规模企业供需学历匹配度，经济体制内的国有、民营企业在制造业发展较为成熟的区域对高、尖端高技能人才保留和任用方面更精准化；但在高技能人才供给学历指数一定的条件下，相邻区域对该区域大、中型规模企业的高、尖端高技能人才正向传导机制相对强于国有、民营企业，规模企业对相邻区域高、尖端高技能人才的综合虹吸能力强于类型企业。基于郑洛新未构成空间模型，其结果是在平均水平赋值的条件下完成的，其结果不能体现其实际含义，对其相关匹配度不做分析。

相对于表7－5基于企业特征的截面高技能人才供需学历匹配度指数结果，各试点示范城市群的规模企业和类型企业的空间高技能人才供需学历匹配度指数相对较低，空间地理位置和外部环境等客观条件对各区域的各类企业的高、尖端高技能人才的吸引程度不及企业本身特征对高、尖端高技能人才的吸引程度，基于企业自然特征优势对高、尖端高技能人才的吸纳能力更强。

二、空间供需薪酬匹配度分析

根据表7－7和表7－9的空间滞后和空间残差的高技能人才供需薪酬匹配度分析结果（见图7－5a和图7－5b），从空间区域分布看，空间地理位置较优的苏南和珠江西岸试点示范城市群的空间滞后高技能人才薪酬匹配度指数与空间地理位置相对不优的长株潭衡试点示范城市群的空间高技能人才薪酬匹配度指数基本相当，基于空间地理位置优势试点示范城市群的薪酬匹配度区域优势不够明显，体现高技能人才会根据试点示范城市群的区域招聘薪酬状况调整期望薪酬水平，使其各试点示范城市群的空间供需薪酬匹配指数差异较小；空间传导机制的空间残差高技能人才薪酬匹配度指数与试点示范城市群的空间地理位置优势负向关联，空间地理位置较优的苏南和珠江西岸试点示范城市群的空间残差高技能人才薪酬匹配度指数较低，空间地理位置相对不优的长株潭衡试点示范城市群的空间高技能人才薪酬匹配度指数相对较高，空间地理位置较优的试点示范城市群的市场招聘薪酬较少受到空间传导机制的外部环境影响，空间地理位置相对不优的试点示范城市群的市场招聘薪酬多会因吸引高技能人才的必要的市场调整，受空间传导机制的外部环境影响较大。综合来看，基于空间地理位置较优的高技能人才空间供需薪酬匹配度优势不明显，其市场招聘薪酬不易受空间传导机制的外部环境影响，空间地理位置优势不足的试点示范城市群的市场招聘薪酬容易受到空间传导机制的外部环境影响。

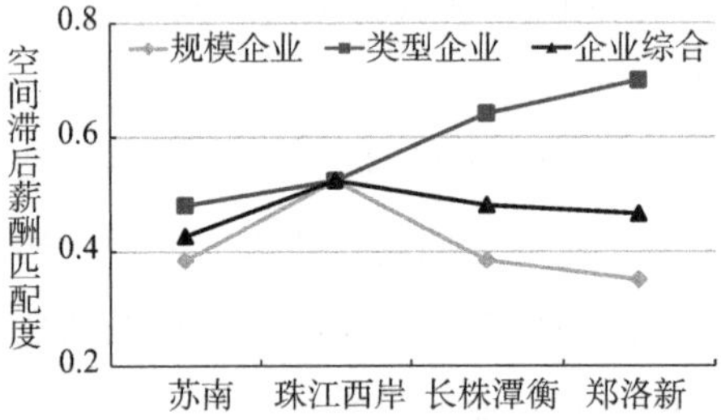

图 7-5a 空间滞后薪酬匹配度分布

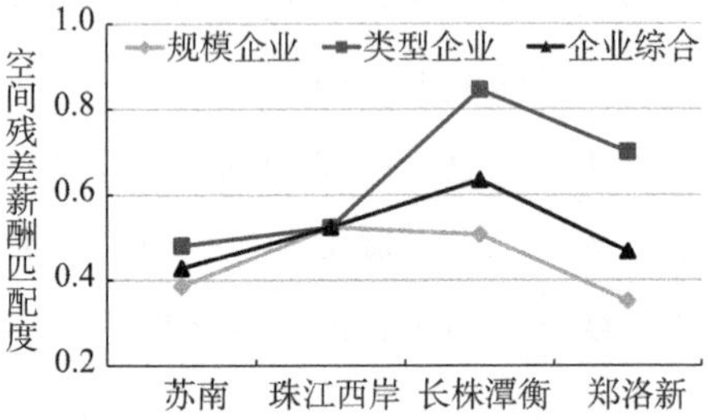

图 7-5b 空间残差薪酬匹配度分布

从企业分类的薪酬匹配分布看，发展相对成熟的苏南和珠江西岸试点示范城市群的空间滞后和空间残差的规模企业、类型企业和企业综合的高技能人才供需薪酬匹配度指数基本重合，差异较小，其空间地理位置优势和空间传导机制的外部环境对规模企业和类型企业的空间残差的供需薪酬匹配度影响程度基本一致，空间地理位置较优的苏南和珠江西岸试点示范城市群的人力资源市场发展较为成熟，高技能人才供需双方薪酬信息较为对称，企业之间的薪酬信息透明度较高；空间地理位置优势不明显的长株潭衡试点示范城市群的类型企业和规模企业高技能人才空间滞后和空间残差的供需薪酬匹配度差异较大，其人力资源市场的高技能人才薪酬信息透明度不够，企业之间存在一定的薪酬信息差，国营企业的相对薪酬信息优势比较明显，高技能人才的空间薪酬匹配度较高。

相对于表 7-5 基于企业特征的高技能人才截面供需薪酬匹配度，空间供需薪酬匹配度指数变化特征与其基本相似，空间地理位置较优且发展较为成熟的试点示范城市群的高技能人才的空间薪酬匹配度和截面薪酬匹配度在各类企业之间均存在较小的差异性，人力资源市场供需双方的薪酬信息较为对称。

综合来看，空间地理位置对基于空间地理位置优势的空间滞后薪酬匹配度的影响不大，空间传导机制的外部环境对基于空间地理位置优势的空间残差薪酬匹配度有负向影响，具有空间地理位置优势的试点示范城市群的企业之间的高技能人才空间供需薪酬匹配度差异较小。在空间地理位置不可改变的条件下，提升区域的人力资源薪酬制度的运行机制和薪酬信息的透明度，能够有效缩减企业之间的高技能人才空间供需薪酬匹配度差异，提高整体薪酬匹配度水平和薪酬市场的稳定性和抗干扰能力，提升基于薪酬水平的高技能人才的吸纳能力。

三、空间指标综合匹配度分析

根据高技能人才空间指标综合匹配度分析结果（见图7－6a和图7－6b），从区域分布特征看，空间供需指标综合学历匹配度结果显示，空间地理位置较优的苏南和珠江西岸试点示范城市群的高技能人才空间供需指标综合匹配度较高，区域人力资源市场整体配置效率较高，其高技能人才用工的结构性短缺或结构性误用的问题相对较弱，从空间地理位置上表现出较强的高技能人才聚集优势，结合学者们（张俊，2019）[46]的我国东南部高技能人才的宏观空间高聚集性特征和图7－3的截面高聚集效应分析结果，我国制造业东南部地区既存在宏观和微观两方面的高技能人才空间高集聚效应，也存在截面和空间的高技能人才高聚集效应，表现出多维的高技能人才的高聚集效应；空间地理位置较优的苏南和珠江西岸试点示范城市群的基于空间传导机制特征的空间残差指标综合匹配度指数较低，苏南和珠江西岸试点示范城市群与相邻区域在高技能人才的指标综合特征上异质性较强，试点示范城市群对相邻区域存在较强的高技能人才虹吸效应，辐射效应不足，相邻区域对苏南试点示范城市群的高技能人才的正向传导效应较强。空间地理位置优势相对较弱的长株潭衡试点示范城市群的高技能人才的空间滞后供需指标综合匹配度指数相对较低，空间残差供需指标综合匹配度指数较高，高技能人才聚集效应更多地依赖邻近区域的空间传导机制的辐射效应。综合来看，高技能人才空间供需指标综合匹配度与基于空间地理位置优势的空间滞后供给强度呈现一定的正相关性，与基于空间传导机制的空间残差供给强度呈现一定的负相关性。发展较为成熟的东南沿海的苏南和珠江西岸制造业试点示范城市群具有空间强聚集、低虹吸和高辐射特征。

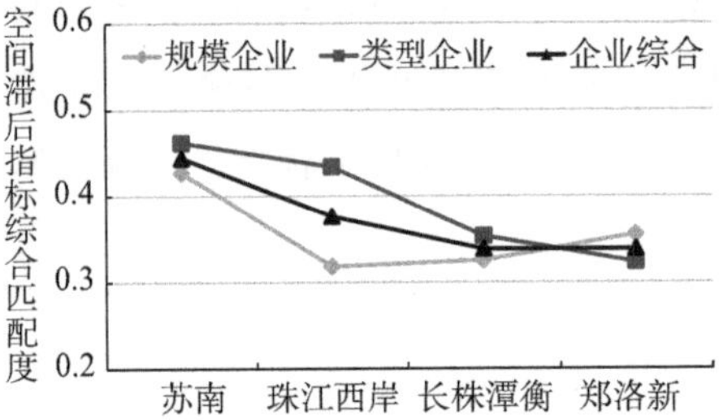

图 7－6a　空间滞后指标综合匹配分布

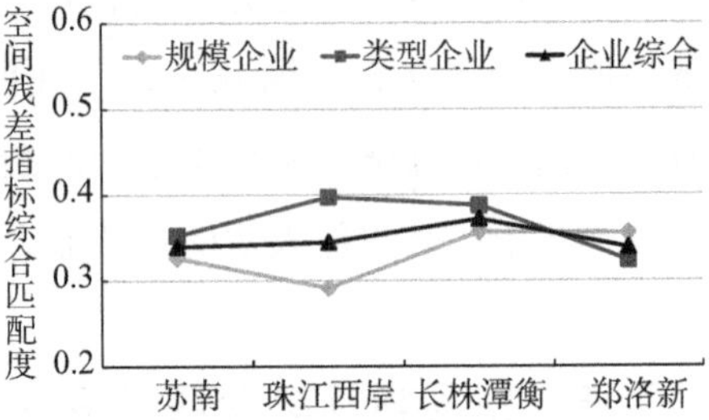

图 7－6b　空间残差指标综合匹配分布

从空间供需指标综合匹配度类型看，苏南和长株潭衡试点示范城市群的空间滞后和空间残差的规模企业、类型企业和企业综合的高技能人才供需指标综合匹配度指数基本重合，差异微弱，其空间地理位置聚集和空间传导机制的外部环境对规模企业和类型企业的相应空间滞后和空间残差的供需指标综合匹配度影响程度基本一致；珠江西岸试点示范城市群的类型企业和规模企业高技能人才空间滞后和空间残差供需指标综合匹配度差异均较大，类型企业的高技能人才空间滞后和残差供需指标综合匹配度均高于规模企业供需指标综合匹配度，经济体制内的国有、民营企业在制造业发展较为成熟的区域对高技能人才保留和任用方面更精准化；但在高技能人才供给指标综合指数一定的条件下，相邻区域对该区域大、中型规模企业的高技能人才正向传导机制相对强于国有、民营企业，规模企业对相邻区域高、尖端高技能人才的综合虹吸能力强于类型企业。

相对于表 7－5 基于企业特征的截面高技能人才供需指标综合匹配度指数结果，各试点示范城市群的规模企业和类型企业的空间高技能人才供需指标综合匹配度指数相对较低，空间地理位置和外部环境等客观条件对各区域的各类企业的高技能人才的吸引程度不及企业本身特征对高技能人才的吸引程度，基于企业自然特征优势对高技能人才的吸纳能力更强。

第五节　本章小结

本章主要结合第四章企业高技能人才需求偏好分析结论、第五章高技能人才截面自主流入特征结论和第六章高技能人才空间流入特征结论对我国 4 个制造业试点示范城市群高技能人才截面和空间供需优化匹配特征进行研究，结论如下。

第一，高技能人才供需优化匹配度是当前我国经济和人口结构调整、制造业智能化和数字化转型升级、促进高技能劳动力供需精准匹配水平和提高技能劳动力资源配置效率的重要工具。本章基于四个试点示范城市群企业的高技能人才偏好程度与高技能人才自身的截面和空间流入强度特征进行高技能人才供需优化匹配度分析，能够从企业需求角度和高技能人才自身供给截面角度与空间角度分析区域高技能人才供需的多因素匹配特征，为区域高技能人才发展战略提供多角度的决策依据。

第二，高技能人才截面供需匹配度强度与试点示范城市群的发展成熟度正关联，类型企业中的国有企业的高技能人才聚集优势明显。采用设计的截面供需优化匹配度指数体系和供需优化匹配度指数算法，对四个试点示范城市群的高技能人才的学历、薪酬和综合截面供需优化匹配度进行研究的结果显示，制造业发展较为成熟的珠江西岸试点示范城市群的高技能人才的学历、薪酬和综合截面供需匹配指数均处于较高水平，呈现较强的基于制造业企业自身本质优质特征的高技能人才聚集优势，试点示范城市群区域内高技能人才供给相对较足。同时，在制造业企业中，类型企业的高技能人才学历、薪酬和指标综合截面供需匹配指数均处于较高水平，国有企业的高稳定和高福利对高技能人才的吸引力较强，具有较强的高技能人才供给优势。提升试点示范城市群制造业企业发展成熟度能更有效地提升其高技能人才的匹配强度。

第三，空间地理位置优势与高技能人才空间滞后供需学历和综合匹配强度有一定的正向关联，空间地理位置优势与高技能人才空间残差供需薪酬匹配度强度有一定的负关联，并能缩小企业之间高技能人才空间供需薪酬匹配度强度差异。采用设计的高技能人才空间供需优化匹配度指数体系和供需优化匹配度算法，对四个试点示范城市群的高技能人才供需匹配度进行研究显示，以东南沿海作为空间位置相对优质区域来看，相对于制造业试点示范城市群发展较为成熟的基于空间地理位置优势的空间滞后学历和综合匹配度较高，具有一定的空间地理位置聚集优势，空间传导机制的外部环境对基于空间地理位置优势的空间残差学历和综合匹配度相对较低，空间传导机制的外部环境对高技能人才的聚集贡献有限。空间地理位置与高技能人才供需薪酬匹配度强度有一定的负关联，这种负向关联是缩小企业之间高技能人才空间供需薪酬匹配度强度差异表现，具有优质的空间地理位置的试点示范城市群的人力资源市场薪酬信息透明度较高，企业之间的高技能人才空间供需薪酬匹配度差异较小，高技能人才空间供需薪酬匹配度不易受邻近区域外部环境的影响。一般情况下，在空间地理位置不可改变的条件下，提升区域的人力资源薪酬制度的运行机制和薪酬信息的透明度，能够有效缩减企业之间的高技能人才空间供需薪酬匹配度差异，提高整体薪酬匹配度水平和薪酬市场的稳定性和抗干扰能力，提升基于薪酬水平的高技能人才的吸纳能力。

第四，企业特征的截面供需匹配度强于空间地理位置特征的空间匹配度，企业自身特征优势较所处的空间地理位置对高技能人才吸引力度更强。企业特征的高技能人才截面供需优化匹配度与空间地理位置特征的高技能人才空间供需优化匹配度指数特征比较显示，高技能人才的截面供需学历、薪酬和指标综合匹配指数均高于相应的空间供需优化匹配度指数，呈现出基于企业自然特征的高技能人才聚集效应强于基于空间位置优势的高技能人才聚集效应。截面和空间两个维度的高技能人才供需学历、薪酬和指标综合匹配度指数在各试点示范城市群的变化特征基本一致，体现制造业试点示范城市群的发展成熟度与其空间地理位置优势的正关联性较强，高技能人才在截面维度和空间维度聚集趋势特征基本一致。

第八章

蓝领技能人才春节最佳网络招聘匹配区段研究

为了研究问题的系统性和完整性，本书补充了第八章内容，作为对高技能人才供需匹配度研究在时间维度的补充，形成高技能人才在截面、空间和时间多维度的供需匹配度研究体系。基于研究数据的可获得性特征，本章在设计最优时间区段确定的组合遍历算法的同时，主要分析蓝领技能人才网络招聘在春节时间维度上的最佳时间匹配，该理论也可应用于高技能人才网络招聘中，具有一定的通用性。

第一节　春节最佳区段设计相关研究

随着网络技术的兴起，网络招聘成为各企业招聘的主要方式之一，尤其是疫情突发事件的出现，加速改变着人们对传统招聘渠道的依赖习惯，开始给予网络招聘更多的认可与青睐。春节是我国最为隆重的传统节日，假期时间较长，且不确定因素较多，春节前后通常会出现各种用工荒问题，为了应对这种问题，相应的需求企业会在春节前后安排较长时间进行网络招聘，如何确定有效的最佳招聘时间区段是政府部门、需求企业和各类求职人员重点的关注问题。

春节是我国特有的传统的移动和周期性节日，这种特征对我国消费、出行、经济等各种社会活动产生影响，大量学者研究春节对各种经济社会问题的影响，提出较多的关于春节效应的处理方法。最早将一些特殊因素作为干预变量引入时间序列模型的是美国人口普查局，1998 年，美国人口普查局基于 Bell 提出的移动假日变量生成理论将一些特殊因素（如特殊节假日、固定季节因素、工作日因素、交易日因素、闰年因素）作为干预变量引入新开发的 X－12－ARIMA 季节调整模型[99]，对时间序列的季节性特征进行更加全面的研究，进一步提升时间序列季节调整的精度。在 X－12－ARIMA 季节调整模型基础上，中国人民银行统计调查司将我国特有的春节、国庆节和劳动节等特殊节假日作为干扰变量引入季节调整模型，并设计出了符合我国国情的 X－12－ARIMA 季节调整模型，基于该模型未同美国人口普查局开发的 X－12－ARIMA 季节调整模型一样开源，当前国内学者仍然多使用美国人口普查局开发的开源的 X－12－ARIMA 或 X－13ARIMA－SEATS 等季节调整模型进行具有春节效应的季节调整研究，同时，X－12－ARIMA 季节调整模型增加了专门用于处理移动假日的 Genhol 程序接口，一定程度上简化了学者们处理中国春节等移动假日的过程。

我国的春节效应不仅是春节期间给社会和经济活动带来的重大影响，其节前和节后效应也不可忽视，春节效应时间区段的确定成为处理春节效应的关键部分。早期对春节时间区段的确定大多采用主观判定和多次试算方法，如苏振宇（2019）[100]采用主观经验分析判断节前 8 天、节中 7 天和节后 8 天为最佳社会用电量的春节效应时段。栾惠德（2007）[101]通过构造的构三区段变权重春节模型确定存量数据中国货币供应量的最优春节区段为节前 15 天、节中 3 天和节后 20 天。贺凤羊（2011）[102]通过试算方式从拟定的三种方案中确定节前 20 天、节中 7 天和节后 20 天是 CPI 的最优春节效应区段。石刚（2013）[113]综合各行业相关春节效应特点，设计出 12 类春节效应模型，在节中 7 天确定的条件下，采用比较与试算方法确定节前和节中的具体时间区段。孟文强（2020）[104]采用的圣诞节模型、复活节模型、比例时变、指数时变模型构建春节效应模型，通过试算法确定各模型的最优时间区段，圣诞节模型春节效应的影响区间为[－2,5]，复活节模型最优影响的三段区间为[－15,－3]、[－2,5]和[6,18]，这些结合行业特征与春节假期特征确定的春节效应区段一定程度上符合学者们研究对象的实际需求，基于模型选择过程中的非穷尽性，可能会遗漏一些更优的影响时间区段。近期，出现基于模型特征的较为客观的处理方法，如陈飞（2019）等[105]采用循环遍历方式来选择春节模型的最优效应期长度为节前20天、节中7天和节后16天，在最优区段选择过程中，学者基于模型整体最优的条件下确定春节效应的最佳时间区段，缺乏对具体春节效应影响的显著性检验，在实证阶段出现选择模型最优但节前效应不显著，一定程度上削弱了春节效应研究的针对性。

基于以上文献，春节效应研究一直是学者们较为关注的问题，对春节效应影响时间区段的确定多采用试算法。一方面主观确定最优时间区段方法穷尽对比过程不足，会遗漏可能存在的最优方案，另一方面，循环遍历确定最优模型方法提高了春节效应时间区段确定的科学性，缺乏针对春节效应影响的显著性检验在一定程度上会削弱春节效应研究的针对性。基于以上两个方面存在的问题，本章在考虑组合穷尽确定最优模型和春节效应时间区段影响的显著性的基础上，将春节效应作为X－13ARIMA－SEATS模型外生变量，以季节调整模型判断的最优准则和春节效应影响显著性程度为主要判断标准，采用组合遍历循环的方法，寻求春节网络招聘最优时间区段，在增加春节因素设置科学性的基础上，进一步提高带春节效应的季节调整的科学性和有效性，为相关政府部门、企业和求职者提供决策依据。

第二节　最佳时间区段确定的组合遍历方法设计

一、春节因素虚拟变量的确定

借鉴X－13ARIMA－SEATS模型中Genhol程序的思想[106][107]，将我国移动假日春节效应分为节前、节中和节后两类效应，并引入相对应的节前

（*spr*1）、节中（*spr*2）和节后（*sp*3）3个解释虚拟变量。设节前、节中和节后的影响天数分别为 D_{ai}、D_{bi} 和 D_{ci}，则影响的总天数为 $D_i = D_{ci} - D_{ai}$，设节前、节中和节后天数在每个月份的天数为 D_{dj}，则每个月份天数影响的比率 p_{cij} 为式（8－1）。

$$p_{cij} = \frac{D_{dij}}{D_i} \quad i = 2016, 2017, \cdots, 2020; j = 1, 2, \cdots, 12 \tag{8-1}$$

其中，设各年份的月度比率均值为式（8－2）。

$$\bar{p}_{cj} = \frac{\sum_{i=2016}^{2020} p_{cij}}{n} \quad j = 1, 2, \cdots, 12 \tag{8-2}$$

在月度比率均值计算中，本书选择2016～2020年共5年的春节为参考年份，则春节效应在每个月份影响的虚拟变量为式（8－3）。

$$p_{ij} = p_{cij} - \bar{p}_{cj} \quad i = 2016, 2017, \cdots, 2020; j = 1, 2, \cdots, 12 \tag{8-3}$$

根据以上算法，以大年三十为春节节点，节前5天和节后26天的2016年到2021年春节节前、节中和节后效应变量的虚拟变量值如表8－1所示。根据表8－1，在该春节时间区段内，其虚拟变量主要集中的一月、二月和三月。

表8－1　　春节效应虚拟变量值

年份	月份	*spr*1（5）	*spr*2（7）	*spr*3（26）
2016	一月	－0.4455	－0.2461	－0.0719
2016	二月	0.4455	0.2461	0.0803
2016	三月	0.0000	0.0000	－0.0084
2017	一月	0.5545	0.3253	0.0763
2017	二月	－0.5545	－0.3253	0.1173
2017	三月	0.0000	0.0000	－0.1936
2018	一月	－0.4455	－0.2461	－0.0719
2018	二月	0.4455	0.2461	－0.2530
2018	三月	0.0000	0.0000	0.3249
2019	一月	－0.2455	－0.2461	－0.0719
2019	二月	0.2455	0.2461	0.1544
2019	三月	0.0000	0.0000	－0.0825

续表

年份	月份	*spr*1（5）	*spr*2（7）	*spr*3（26）
2020	一月	0.5545	0.7539	0.1874
2020	二月	-0.5545	-0.7539	0.0062
2020	三月	0.0000	0.0000	-0.1936
2021	一月	-0.4455	-0.2461	-0.0719
2021	二月	0.4455	0.2461	-0.1049
2021	三月	0.0000	0.0000	0.1768

二、基于春节因素的 X-13SEAS-SEATS 季节调整模型

分析时间序列季节性特征的方法有多种，X-13ARIMA-SEATS 季节调整模型为当前处理月度数据最优方法，X-13ARIMA-SEATS 模型是 1998 年美国普查局正式发布的 X-12-ARIMA 季节调整模型和 1996 年西班牙银行发布的 TRAMO-SEATS 季节调整模型的结合，其优点一是增加了 X-12-ARIMA 季节调整中 Reg-ARIMA 模块的延展时间序列、自动识别 ARIMA 模型和检测离群值能力、增加移动假日（如中国春节和印度排灯节等）和交易日效应及预测能力；二是使用 SEATS 程序和 X-11 非参数调整方法，产生基于季节因素建模的 ARIMA 预调整和预测方法（邢竞，2016；Christoph，2018）[108][109]。其时间序列 z_t 的 ARIMA 模型基本形式如式（8-4）所示（U.S. Census Bureau，2017）[110]。

$$\varphi(B)\phi(B^s)(1-B)^d(1-B^s)^D z_t = \vartheta(B)\theta(B^s)a_t \quad (8-4)$$

其中，B 为滞后算子（$Bz_t = z_{t-1}$），s 为季节周期，此处周期为 12，$\varphi(B) = 1-\varphi_1 B - \cdots - \varphi_p B^p$ 为网络招聘需求的非季节自回归（AR）算子，$\phi(B) = 1-\phi_1 B^s - \cdots - \phi_P B^{Ps}$ 为网络招聘需求的季节性（AR）算子，$\vartheta(B) = 1-\vartheta_1 B - \cdots - \vartheta_q B^q$ 是非季节滑动平均（MA）算子，$\theta(B) = 1-\theta_1 B^s - \cdots - \theta_Q B^{Qs}$ 是季节性滑动平均（MA）算子，a_t 为独立同分布的均值为 0，方差为 σ^2 的白噪声。$(1-B)^d(1-B^s)^D$ 表示 d 阶非季节差分和 D 阶季节差分。

式（8-4）时间序列会受到春节和季节性与突发事件的影响，需要对

其进行外部参数回归分析，采用线性回归效应的时变均值函数对式（8－4）ARIMA（p，d，q）模型进行回归扩展，假定春节影响的线性回归表示如下。

$$y_t = \sum_i \beta_i x_{it} + z_t \tag{8-5}$$

其中，y_t 为时间序列，x_{it}为对应 y_t 的回归影响变量，此处为春节效应影响因素，β_i 为回归系数，z_t 为时间序列的残差项，一般情况下，z_t 具有自相关特征，此处假定该残差项自相关，需要进行差分。则将式（8－5）代入式（8－4），将得到 X－13ARIMA－SEATS 的季节调整模型可以表示为式（8－6）形式。

$$\varphi(B)\phi(B^s)(1-B)^d(1-B^s)^D\left(y_t - \sum_i \beta_i x_{it}\right) = \vartheta(B)\theta(B^s)a_t \tag{8-6}$$

其中，各变量含义与前面陈述相同。

在综合考虑模型选择特点基础上，本书采用季节调整选择 ARIMA 最优模型的方法，使用 AIC 和 BIC 统计量对遍历获得的显著性模型进行优化筛选，其对应非中心化计算公式分别如式（8－7）和式（8－8）。

$$AIC = n\ln(\hat{\sigma}_\varepsilon^2) + 2(p+q+2) \tag{8-7}$$

$$BIC = n\ln(\hat{\sigma}_\varepsilon^2) + \ln(n)(p+q+2) \tag{8-8}$$

其中，$\ln(\hat{\sigma}_\varepsilon^2)$ 为模型极大似然函数值，p 为自回归阶数，q 为滑动平均阶数，$p+q+2$ 为模型中未知参数个数。根据式（8－4）和式（8－5），AIC 和 BIC 统计量是模型拟合精度与参数个数的加权函数，当 AIC 或 BIC 函数值达到最小时，由 p 和 q 确定阶数的季节调整模型为相对最优模型。

三、组合循环遍历确定春节最优时间区段

设节前为 n 天，节后为 m 天，节中按照国家法定节日固定为 7 天，考虑蓝领技能工人一般节前较早回家，节后较晚返工的特点，本书选择企业招聘时间为节前和节后分别为 30 天的时间区段作为遍历区间，共 900 种节前和节后组合，采用组合逐一循环遍历方法进行优化求解，其具体过程

如下。

（1）根据式（8－6）和 Genhol 程序计算节前、节中和节后对应的循环遍历虚拟变量值，其变量值形式如表 8－1 所示。

（2）节前 n 天为周期，对节后 m 天进行组合循环遍历，得到各时间区段的组合循环遍历模型。

（3）逐一对循环遍历的季节调整模型进行春节效应的系数检验分析，选择显著性模型，其模型选择准则为节前、节中和节后效应变量的显著性水平小于 0.01。

（4）根据季节调整模型的 *AIC* 和 *BIC* 统计量值最小原则选择最优模型。

其组合循环遍历算法过程采用 R 语言实现。

第三节　蓝领技能人才春节最佳网络招聘区段分析

一、数据来源与特征

本书数据来源于中国人民大学中国就业研究所与 58 同城招聘研究院 2020 年共同发布《中国蓝领就业市场景气指数报告》，本书选择 58 同城蓝领技能人才招聘企业在 2016 年 4 月～2020 年 6 月期间共 46 个月的月度尺度网络拟招聘人数数据，对数据采用局部多项式回归方法（Cleveland，1990）[111]（LST，Seasonal and Trend Decomposition Using Loess）通过加法原理提取季节因子和趋势因子（见图 8－1）。

根据图 8－1，蓝领技能人才网络招聘需求具有较强的季节性特征，且季节周期与我国春节周期基本重合，春节对其有较大的季节性影响；发展趋势在 2019 年处于高峰后，当前有下降趋势。基于蓝领技能人才网络招聘需求的强春节性季节性特征，本章将针对春节因素进行其影响显著性与影响时间区段研究，提高春节季节性因素影响研究的针对性和科学性。

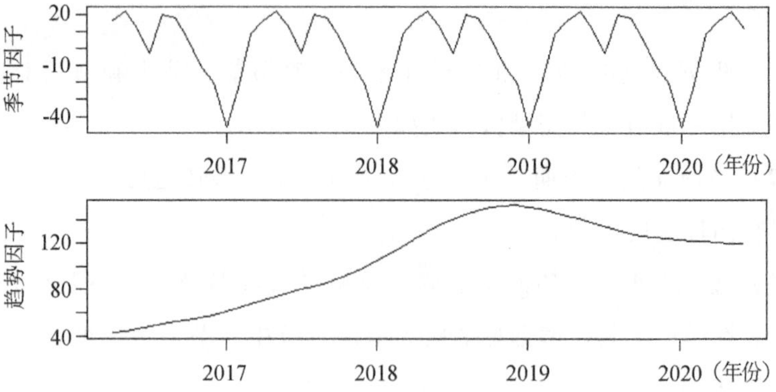

图 8-1　蓝领技能人才网络招聘需求曲线季节因素和趋势因素分解特点

二、蓝领技能人才企业网络招聘的春节最佳时间区段确定

根据设计的 2016—2020 年春节效应变量，使用 X-13SEAS-SEATS 模型进行春节效应的季节调整，以节后 30 天为周期的节前 30 天的春节效应组合进行循环遍历比较分析，其循环遍历分析过程结果如图 8-2 和图 8-3 所示，根据图 8-2，在节后的 30 天周期内，节前的效应存在周期性的显著效应，离春节越近，其显著性波动幅度越来越小，显著性程度越来越强，体现随着春节的临近，大多数制造业企业对蓝领技能人才储备较为关注，招聘力度加大，保障节后企业按时正常运转。

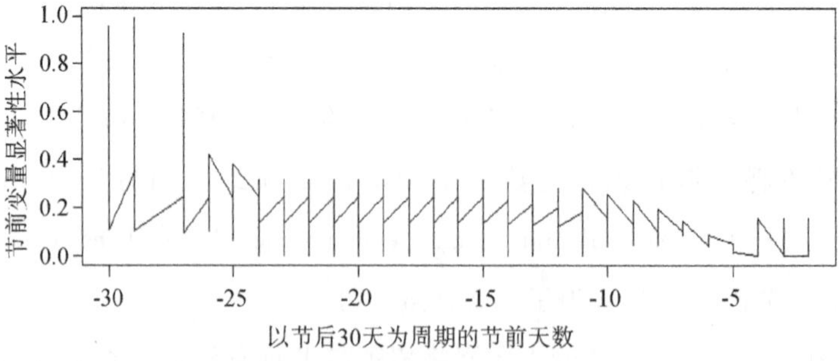

图 8-2　企业招聘时间序列春节节前效应变量循环遍历的显著性水平变化

根据图 8-3，春节后的前 7 天形成的虚拟变量会让模型产生异常矩阵，不能求解，从第 8 天开始，节后效应出现以节前 30 天为周期的不同程度的显著性波动，一般在节前的前半段时间和后半段时间与节前对应的时

间区段组成的春节时间区段影响较为显著，中间段 p 值较大，影响不够显著，到第 18 天显著性 p 值趋近为 0，此时，春节效应显著性稳定性变强，大多数制造业企业在这之后基本长期处于招聘过程中。

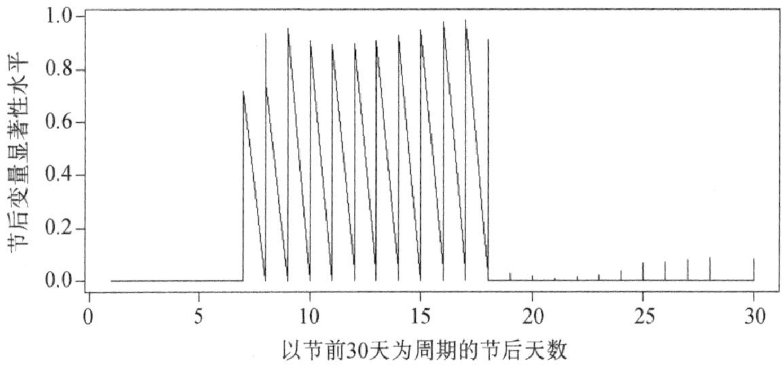

图 8-3　企业招聘时间序列春节节后效应变量循环遍历的显著性水平变化

综合图 8-2 和图 8-3 春节节前和节后效应循环遍历的显著性统计量 p 值变化趋势，根据以上模型选择标准，综合得到的各区段春节效应显著的季节调整模型如表 8-2 所示，在表 8-2 中，依据 *AIC* 和 *BIC* 准则列出前 20 个较优季节调整模型，最终选择节前 5 天、节中 7 天和节后 19 天作为企业网络招聘的最优时间区段，并以此时间区段构建春节节前、节中和节后的虚拟变量，虚拟变量值见表 8-1。根据构建的虚拟变量进行企业对蓝领技能人才招聘的季节调整分析。

表 8-2　循环遍历各区段春节效应显著的季节调整模型（节中 7 天）

模型编号	节前天数	节后天数	spr1	spr2	spr3	AIC	BIC
1	-5	19	0.299*	-0.464**	0.295***	328.982	337.117
2	-5	21	0.302*	-0.425*	0.319***	329.942	338.077
3	-4	18	0.191	-0.423*	0.185***	331.024	339.160
4	-5	22	0.292*	-0.392*	0.324***	331.028	339.163
5	-4	17	0.211	-0.451*	0.211***	331.753	339.888
6	-15	6	0.080	-0.161***	1.139***	332.129	340.265
7	-16	6	0.085	-0.161***	1.139***	332.129	340.265

续表

模型编号	节前天数	节后天数	spr1	spr2	spr3	AIC	BIC
8	-16	7	0.085	-0.161***	0.651***	332.129	340.265
9	-16	8	0.085	-0.161***	0.488***	332.129	340.265
10	-16	9	0.085	-0.161***	0.407***	332.129	340.265
11	-16	10	0.085	-0.161***	0.358***	332.129	340.265
12	-17	10	0.091	-0.161***	0.358***	332.129	340.265
13	-17	11	0.091	-0.161***	0.325***	332.129	340.265
14	-17	12	0.091	-0.161***	0.302***	332.129	340.265
15	-17	13	0.091	-0.161***	0.285***	332.129	340.265
16	-17	14	0.091	-0.161***	0.271***	332.129	340.265
17	-18	14	0.096	-0.161***	0.271***	332.129	340.265
18	-18	15	0.096	-0.161***	0.260***	332.129	340.265
19	-18	16	0.096	-0.161***	0.251***	332.129	340.265
20	-22	6	0.117	-0.161***	1.139***	332.129	340.265

注：*、**、***分别表示通过0.05、0.01、0.001显著性检验。

三、企业网络招聘的季节性调整分析

根据以上得到的节前5天、节中7天和节后19天的最佳春节时间影响区段以及对应的虚拟变量值，构建基于春节效应的企业网络招聘信息季节调整模型，根据*AIC*和*BIC*最小准则，选择的最优模型为ARIMA：$(0,1,1)\times(0,1,1)_{12}$，其*AIC*和*BIC*值分别为328.982和337.117，模型具体结果如表8-3所示。

表8-3　企业网络招聘季节调整模型结果

变量	系数	Z统计量	p值	模型质量统计量
spr1	0.2987	2.3050	0.0211*	M1=0.289
spr2	-0.5675	-3.0700	0.0021**	M2=0.239
spr3	0.3978	5.6840	0.0000***	M3=0.000
AO2020.Feb	-0.8849	-5.9700	0.0000***	M4=0.875

续表

变量	系数	Z 统计量	p 值	模型质量统计量
AO2020. Jun	0.6133	4.9280	0.0000 ***	M5 =0.215
MA - Nonseasonal - 01	-0.9997	-9.5390	0.0000 ***	M6 =0.246
MA - Seasonal - 12	0.4091	2.8090	0.0050 **	M7 =0.655

注：*、**、*** 分别表示通过 0.05、0.01、0.001 显著性检验。

根据表 8-3，季节调整的 7 个季节调整质量统计量均在 0~1，总体平均值为 0.42，整体季节调整质量效果很好，在可以接受的范围内，残差季节性检验的 F 统计量为 0.980，在 0.01 的显著性水平下未显示残差季节性特征。其季节调整模型如式（8-9）所示。

$$y_t = y_{t-1} + 0.4091(y_{t-12} - y_{t-13}) + e_t - 9997e_{t-12} - 0.8849AO2020.Feb + 0.6133AO2020.Jun + 0.2987spr1 - 0.5675spr2 + 0.3978spr3 \qquad (8-9)$$

根据式（8-9），春节效应对制造业企业的影响呈现倒梯形特征，节前和节后对其有显著的正向影响，节中呈现显著负向影响。基于蓝领技能工人每年 4~5 次的高跳槽频率（章永康，2019）[112]，大多数制造业企业为了企业正常运转，通常会在春节前后进行大量技能人才招聘，储备技能人才，以弥补节中停工、停产、停招聘过后蓝领技能人才流失带来的不确定因素损失。

根据模型分析结果，模型检测到 2020 年 2 月和 2020 年 6 月两个突发可加的 AO 离群值点（见图 8-6），其中，2 月离群值点对企业网络招聘具有显著负向影响，6 月离群值点对企业网络招聘具有显著正向影响。体现 2 月因疫情造成的停工、停产对蓝领技能人才的需求锐减，企业对灵活、便捷、高效的网络招聘大幅度降低，随着疫情防控形势好转，网络招聘逐渐恢复，企业对疫情防控信心倍增，同时由于复工、复产迫切需求和受现场招聘形成的约束，各企业对蓝领技能人才的网络招聘需求突发异常高涨，随后逐渐恢复到常态模式。

根据模型常态模式和季节—不规则成分（SI）月度图（见图 8-4），其季节性检验 F 统计量值为 21.323，对应 p 值为 0.000，在 0.001 的显著性水平下有显著的季节性特征。根据图 8-4，蓝领技能人才的企业网络招聘一般在 2 月有一定下降趋势，3~4 月上涨趋势比较明显，5 月开始持平，企业蓝领技能人才比较稳定，6 ~7 月下降幅度比较显著，说明蓝领技能人才网络招聘受毕业季现场招聘会冲击，企业网络招聘力度降低，毕业季过后，8 月成为企业网络招聘旺季，后续月份基本持平，进入蓝领技能人才企业网络招聘淡季。

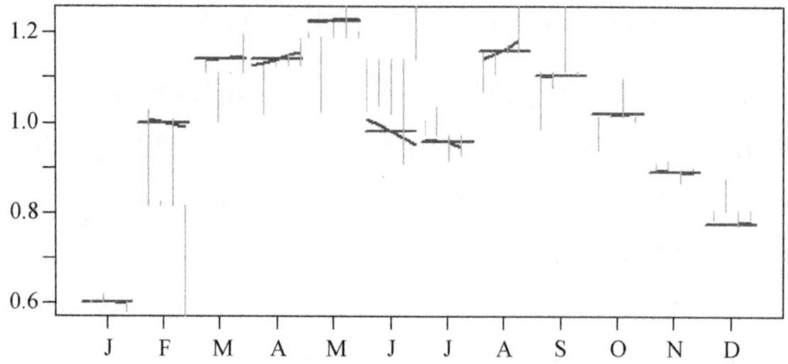

图 8 –4 企业网络招聘季节—不规则（SI）成分月度图

根据趋势分析如图 8 –5 所示，蓝领技能人才企业网络招聘在 2018 年达到高点后，正在小幅下降过程中。一方面，受疫情影响，我国宏观经济发展受到一定冲击（周云，2020）[113]，加上全球性、地域性政治和经济摩擦与冲突导致的不确定性急剧上升，我国大部分复工复产，消费、投资、工业企业利润一直处于下降状态，企业对蓝领技能人才需求减少，相应企业网络招聘蓝领技能人才数量会有一定程度的下降；另一方面，我国制造业的产业升级，智能化、自动化不断扩大对蓝领岗位产生一定的挤占效应，一定程度上影响企业网络招聘蓝领技能人才数量。

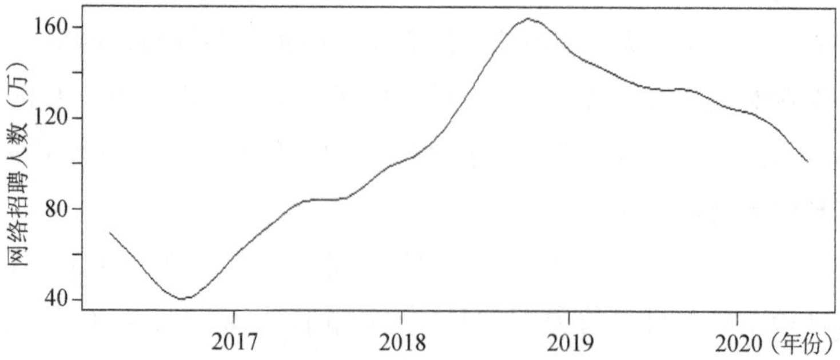

图 8 –5 企业网络招聘趋势变动特点

通过基于春节因素的季节调整，调整后曲线如图8－6所示，曲线相对原始序列整体变得较为光滑，季节效应检测结果显示季节性消失，在2020年2月和2020年6月出现的两个离群值异常点依然存在。

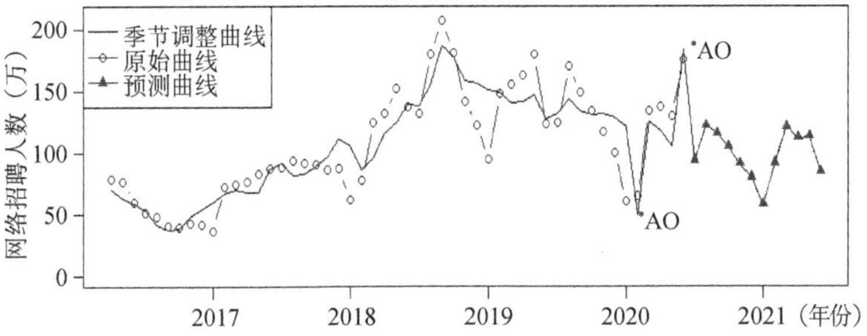

图8－6　蓝领技能人才网络招聘需求季节调整曲线对比图

预测显示（见图8－6），在未来一年，企业网络招聘蓝领技能人才数量相对6月的异常高点略有回落，处于较为平稳状态，统计资料显示，蓝领技能人才在6月异常增加的基础上，一直持续保持该上涨趋势，10月企业蓝领技能人才招聘需求人数同比涨幅为68%，11月同比涨幅为75%，12月招聘需求人数同比涨幅达到108%，如此异常幅度的增长在当前被称为“蓝领就业景气指数大涨之谜”，相关专家认为蓝领网络招聘需求和就业指数的上涨得益于疫情期间受抑制的消费需求加速释放，制造业海外订单大幅增加，与当前外贸带动的制造业增长有关（赖雨蒙，2021）[114]。从新的实际走向看，此次预测不够准确，基于6月是新出现的异常增长点，模型将其识别为离群值，后期需要再采集突发增长后的数据进行进一步研究，以得到更为准确的预测结果。

第四节　本章小结

本章在循环遍历确定最佳企业蓝领技能人才网络招聘时间区段的基础上，使用月度时间序列处理季节调整模型X－13ARIMA－SEATS对网络招聘企业招聘蓝领技能人才的需求时间序列进行季节调整分析，其结论如下。

第一，蓝领技能人才网络招聘企业的招聘需求具有显著的季节效应，春节效应显著，且呈现节前、节中和节后的倒梯形影响状态，即节前和节后对企业蓝领技能人才网络招聘为显著正向影响，节中表现为显著的负向影响。

第二，周期循环遍历方法是针对我国特有的春节效应虚拟变量放入季节调整模型中的循环遍历的寻找最佳影响时间区段的方法，既考虑了春节效应区段设计的独特性，也考虑了春节因素融入季节调整模型的整合性，是能够较为科学地寻求春节效应显著影响最佳时间区段的方法，也可以借鉴到我国其他传统移动节日的季节影响分析中。

第三，以确定的最优春节效应时期为分析前提，使用 X－13ARIMA－SEATS 模型对蓝领技能人才网络招聘企业招聘需求进行季节调整分析，模型季节调整质量统计量在 0～1 的可接受范围内，确定的季节调整模型较优。模型结论显示，蓝领技能人才网络招聘企业招聘需求的节前、节中和节后影响不一致，节中呈现负效应影响，节前和节后呈现正向影响效应，季节调整后的网络招聘曲线季节因素显著平滑，季节影响消失，显示较好的季节调整效果，基于 6 月蓝领技能人才网络招聘的异常增加，其后续月份的预测结果不够准确，需进一步跟踪后再进行分析。

第九章

总结和思考

第一节　结论与建议

本书在“中国制造2025”背景下，从截面、空间和时间三个维度设计高技能人才的供需优化匹配指数体系和供需优化匹配指数算法，并在此基础上研究“中国制造2025”四个制造业试点示范城市群的高技能人才的供需匹配特征，其主要研究结论和建议如下。

（1）高技能人才是我国“中国制造2025”战略策略实施的重要人力资源保障，我国制造业高技能人才聚集效应显著，采用高技能人才高聚集的试点示范城市群进行研究具有重要的代表性，相关研究成果有一定的理论和现实意义。“中国制造2025”试点示范城市群可以作为制造业高技能人才支撑信息和匹配研究的重要研究对象。

本书对我国“中国制造2025”战略策略进行详细解读，对高技能人才的含义进行诠释，发展现状进行分析，对制造业试点示范城市群比较分析。试点示范城市群和示范城市的空间分布分析研究结果显示，我国初步形成东、南部的长三角和珠三角地区制造业聚集，中部逐渐向西北扩充的发展态势。其中，长三角的苏南试点示范城市群和珠三角的珠江西岸试点示范城市群制造业基础较为雄厚，发展优势明显，长株潭衡和郑洛新试点示范城市群相对优势不明显，需要持续借鉴长三角和珠三角经验不断提升制造业产业结构，成为中西部重要的制造业基地。本书使用 Python 和 R 语言等统计软件，可视化展示“中国制造 2025”试点示范城市和城市群的高技能人才的空间地理分布，结果显示，高技能人才是我国“中国制造 2025”战略策略实施的重要人力资源保障，研究“中国制造 2025”试点示范城市群中的高技能人才具有较大的聚集性和代表性，一定程度上能较好地代表我国制造业高技能人才的分布、流动特征和匹配机制。我国先进制造业主要集中于东、南部经济发达的长三角和珠三角地区，尤其以广东省比较聚集，西北和东北地区较少，一定程度上体现高技能人才在长三角和珠三角的高聚集特征，对高聚集区的高技能人才供需匹配进行研究代表性更强，现实意义更突出。Python 和 R 语言等统计软件均是实现制造业高技能人才大数据挖掘算法过程的实用且有力的实现工具。

（2）我国制造业试点示范城市群对高技能人才特征的需求偏好存在差异，发展相对不够成熟制造业集群可借鉴发展相对较成熟的制造业集群的高技能人才吸引机制，缓解多类型高技能人才强紧缺问题。

本书以“中国制造 2025”试点示范城市群为研究对象，采用无序多分类 Logistic 模型及其优势比统计量、改进层次分析法和需求偏好强度指数法对高技能人才特征的需求偏好强度进行深入分析。实证结论显示，从试点示范城市群制造业企业特征整体看，规模企业和类型企业对体现高技能人才水平的学历偏好更多体现的是区域个性特征，共性特征不明显，企业规模和企业类型与技能人才的学历水平呈现一定的正向关系，规模企业对高技能人才的工作经验和招聘薪酬表现比类型企业更强的偏好程度。从规模企业和类型企业内部特征看，大型企业或国营企业对高技能人才高学历偏好程度相对较强，中型企业或民营企业对高技能人才工作经验偏好程度相对较强，大型企业和民营企业对高技能人才招聘薪酬也有较强偏好。从区域特征看，发展相对不够成熟的郑洛新和长株潭衡试点示范城市群比发展相对比较成熟的苏南和珠江西岸试点示范城市群对高技能人才的综合特征需求偏好程度更强，高技能人才紧缺程度较高，郑洛新试点示范城市群体现的是学历特征的强偏好，长株潭衡试点示范城市群体现的工作经验特征的强偏好，苏南和珠江西岸试点示范城市群体现的是招聘薪酬的强偏好。

针对这种现状，试点示范城市群充分利用“中国制造2025”背景下制造业产业集群优势，关注区域龙头制造业的发展和高技能人才在企业间的流动状态，提供高需求企业精准的人力资源服务，提升试点示范城市群的制造业经济影响力和高技能人才的吸引力，逐步缓解区域高技能人才强紧缺问题。制造业试点示范城市群是制造业产业集群形式，是建设制造强国的重要举措，也是吸引高技能人才的重要优势条件。因此，对于发展相对不够成熟的制造业试点示范城市群或产业集群，一方面，可充分利用区域制造业集群优势，关注高技能人才在企业间的流动状态，为高技能人才提供自由发展的区域内流动空间和事业发展平台，加强本土高技能人才的培养，保证区域内高技能人才的稳定性；另一方面，充分利用国家和地方政策优势，重点扶持龙头制造业企业的发展和壮大，重点关注龙头企业高技能人才需求现状，提供针对性精准人力资源服务，加快制造业转型升级步伐，带动区域制造业的经济影响力，利用制造业企业发展优势吸引和保留高技能人才，从稳定和吸引高技能人才方面逐渐缓解产业集群区域高技能人才强紧缺问题。

(3) 高技能人才截面自主流动存在从基础自然属性驱动流动到高质量的技能水平驱动的质变过程，提高制造业集群的高技能人才流动性有利于加速高技能人才流动驱动因素的质变过程。

本书以“中国制造2025”试点示范城市群为研究对象，采用空间GIS热力图工具、无序多分类Logistic模型及其流动优势比统计量和流动强度指数法对高技能人才截面自主性流动特征、流动影响因素和流动强度进行深入分析。理论研究结论显示，空间GIS热力图是直观地展示制造业试点示范城市群高技能人才的流入和流出热度的较好工具之一；设计的流动强度指数法能够多因素分析高技能人才流入和流出强度特征，具有一定的实用性和创新性。实证研究结论显示，我国中南部高技能人才流动性活跃，东北部高技能人才流动性相对较弱，高技能人才自身的基础自然属性是高技能人才截面自主流动的主要影响因素，高技能人才的学历因素对制造业发展较为成熟的珠江西岸试点示范城市群表现出基于高技能水平特征的显著流动性影响，流动强度指数流入高、流出低，自主流动性意愿较强，高技能人才市场整体活跃度较高，高技能人才的学历因素对发展不够成熟的郑洛新试点示范城市群影响较弱，其高技能人才基础自然属性的流动性驱动效应的储备不够，不足以带动基于学历层面的高技能人才自主流动。体现当高技能人才的性别和年龄等自然属性的流动性驱动效应达到一定程度时，会更有效地带动体现高技能水平的学历因素的流动性驱动效应，提升区域的高技能人才自主流动性，高技能人才自主流动存在从基础自然属性驱动流动到高质量的技能水平驱动的质变过程。

针对该研究结论，发展相对比较成熟的制造业试点示范城市群通常具有高技能人才的高流动性特征，且在流动过程中，体现高技能人才流动的学历因素驱动较为明显。借鉴这些城市群的高技能人才引入经验，针对发展相对不够成熟的制造业试点示范城市群或制造业集群，在不断完善制造业试点示范城市群或制造业集群的产业转型升级和区域经济发展机制的同时，需要积极探索高技能人才自主流动的途径和方法，优化对高技能人才流动有限制和阻碍作用的不合理政策和制度，保障高技能人才在区域内和岗位间流动的畅通性，提升高技能人才流动的市场化、便利化和双向化优势，逐渐将高技能人才自然属性驱动流动模式优化为高技能人才学历或技能水平驱动流动模式，在缓解制造业试点示范城市群或制造业集群高技能人才结构性紧缺的同时，提升制造业试点示范城市群或制造业集群高技能人才流入强度优势，加速高技能人才驱动因素的质变过程。

（4）空间相关系数一定程度能够体现区域高技能人才聚集和溢出程度，区域流入和流出聚集和溢出效应显著的条件下，通过空间离群点可以寻求到区域高技能人才吸纳的优质空间点。提高制造业集群空间正向相关性有利于发挥制造业集群空间地理位置优势，提升优质空间点的聚集强度。

本书以“中国制造 2025”试点示范城市群为研究对象，采用莫兰空间全局和局部相关系数对试点示范城市群高技能人才的空间相关性进行研究。实证研究结论显示，发展相对较为成熟的东南沿海地区试点示范城市群内各城市之间的高技能人才流动性较强，城市之间高技能人才的相互聚集和辐射的特征较明显。发展相对不够成熟的中、北部地区的试点示范城市群各城市之间高技能人才流入和流出相对比较随机，城市之间高技能人才的互动流动性相对较弱，城市自身的高技能人才聚集更多依赖于试点示范城市群之外的环境的辐射效应。在区域流入聚集和流出溢出效应显著的条件下，通过空间离群点一定程度上能寻求到区域高技能人才吸纳的优质空间点。根据各试点示范城市群离群值点的分析，苏南制造业试点示范城市中苏州和常州高技能人才流动对城市群影响较大，是高技能人才优质吸纳空间点；珠江西岸试点示范城市群中，顺德与肇庆对高技能人才流出过程中具有一定的溢出效应，缺乏对高技能人才具有强聚集效应的显著优质聚集点；长株潭衡试点示范城市群中衡阳可作为高技能人才优质聚集点；郑洛新示范城市中郑州高技能人才吸纳能力较强。

基于以上实证研究结论，发展相对较为成熟的试点示范城市群内各城市之间存在较强的空间正相关性，即高技能人才的近距离流入聚集效应或流出溢出效应较强。对于发展相对不够成熟的制造业集群，需要持续提高制造业集群内各城市之间的互动协作，提升轨道交通网的便利性，保证城市之间高技能人才及相关人力资源的自由流动性，逐步形成空间位置与高技能人才流动的正向聚集和溢出关系，在提升高技能人才的流动和供需结构性匹配度的同时完善本区域人力资源市场的运行机制，充分发挥各制造业集群具有个性特色的空间地理位置优势，持续提升高技能人才优质空间点高聚集强度。

（5）试点示范城市群基于空间地理位置和空间传导机制的高技能人才流动性特征的个性特征较为明显，流动性影响因素和流动强度与截面自主流动相关研究结论基本一致。各制造业集群需要从当前高、尖端高技能人才的高稳定性局面中寻求创新性的高、尖端高技能人才引进新战略。

本书以“中国制造 2025”试点示范城市群为研究对象，从大数据微观角度，采用空间统计分析软件 GeoDa，空间滞后与空间残差模型、改进层次分析法和流动强度指数法对我国制造业试点示范城市群高技能人才的空间流动特征、流动影响因素和流动强度进行深入研究。区域空间地理位置优势和空间传导机制分析显示，各试点示范城市群基于空间地理位置和空间传导机制的高技能人才流动特征的个性特征明显，苏南试点示范城市群具有空间位置优势的高聚集性、对邻近区域的强辐射特征；珠江西岸试点示范城市群基于自身空间地理位置的高技能人才流动性特征不够明显，更多体现的是与邻近区域的传导性引致的高技能人才流动；长株潭衡试点示范城市群高技能人才流动性影响因素更多地体现为流入和流出的显著抑制效应，即高技能人才流动性活跃性相对不足，更多体现的是空间传导机制外部环境对高技能人才流动的辐射效应。各试点示范城市群高技能人才流动的影响因素有一定差异性，相同点显示，体现高技能人才水平的本科学历高技能人才流动比较活跃，相关技能人才比较充足，体现高、尖端的硕士或博士学历的高技能人才的流动性较弱，区域内高、尖端高技能人才结构比较稳定，聚集强度不足；自然属性方面，整体体现男性或年轻性高技能人才流入、流出的流动性比较强，中南部的珠江西岸和长株潭衡试点示范城市群高技能人才具有一定的年轻化优势；市场特征方面，各区域高技能人才期望低薪酬与市场薪酬匹配度均相对较高，低薪酬引致的流动性较强，高薪酬一定程度会抑制高技能人才流动。综合显示，高技能人才在空间流动过程中，首先考虑的基于自身自然属性和满足最低外部条件下的流动性条件，高学历和高薪酬等外部条件一定程度会抑制高技能人才的流动，即具备高学历和高薪酬的高技能人才的工作稳定性较强，流动性较弱，这与高技能人才截面自主流动性特征基本一致。

基于以上研究结论，我国各试点示范城市群的本科学历的高技能人才流入、流出的流动性较充分，相关高技能人才供给相对比较充分。对制造业集群的产业智能升级具有战略影响的高、尖端高技能人才的流入、流出的流动性较弱，稳定性较强，体现制造业集群在高、尖端高技能人才引进过程中的艰难和不易。发展相对不够成熟的制造业集群更需要在这种艰难的困局中寻求创新性的高、尖端高技能人才引进新战略。在空间地理位置既定的条件下，制造业集群应更多地规划制造业集群内的空间行业布局，培育较为强势的各类行业龙头，形成规模效应，以高端制造业集群的软实力优势吸引汇拢高、尖端高技能人才，同时辅之以政策红利和开放的薪酬限制等稳定政策，巩固引入高、尖端高技能人才的稳定性。

（6）截面和空间供需优化匹配度指数体系和指数算法能够更具体、更丰富和更能优化高技能人才供需匹配研究的维度和匹配类型。高技能人才截面和空间供需匹配度强度与试点示范城市群的发展成熟度正关联，企业特征的截面供需匹配度强于空间地理位置特征的空间匹配度，企业自身特征优势比空间地理位置优势对高技能人才的吸引力度更强。

本书以企业层面的需求偏好程度（即需求）和高技能人才截面自主流入强度特征（即供给）和空间流入强度特征（即供给）的研究成果为高技能人才供需优化匹配研究的基础，根据高技能人才供需指标的可比性和一致性，从微观角度设计基于截面和空间的两大类和学历、薪酬和综合三个维度的高技能人才供需优化匹配度指数体系和供需匹配度指数算法，每一个指数维度从企业规模、企业类型和企业综合三个子维度进行基于企业特征的供需匹配度分类，一定程度体现设计的高技能人才供需优化匹配的维度研究较为丰富，能够多维度对高技能人才的供需匹配进行优化分析，具有一定的微观系统性特征。实证研究结论显示，我国发展相对较为成熟的制造业试点示范城市群一般处于空间地理位置相对较优的东南沿海地区，高技能人才截面和空间供需匹配度强度与试点示范城市群的发展成熟度和空间地理位置具有一定的正关联性，制造业发展相对较为成熟的珠江西岸试点示范城市群的高技能人才的学历和综合供需匹配指数均处于较高水平，试点示范城市群区域内高技能人才供给相对较足。国有企业的高稳定和高福利对高技能人才的吸引力较强，具有较强的高技能人才供给优势。空间地理位置优势与高技能人才空间滞后供需薪酬匹配度强弱关联性较弱，空间地理位置优势与高技能人才空间残差供需薪酬匹配度强度负相关，一般来说，具有优质的空间地理位置的试点示范城市群的人力资源市场薪酬信息透明度较高，企业之间的高技能人才空间供需薪酬匹配度差异较小，一定程度能缩小企业之间高技能人才空间供需薪酬匹配度强度差异。

比较截面和空间两个维度的高技能人才供需优化匹配度特征发现，截面和空间两个维度的高技能人才供需学历、薪酬和指标综合匹配度指数与各试点示范城市群的变化特征基本一致，体现制造业试点示范城市群的发展成熟度与其空间地理位置优势的正关联性较强，存在截面和空间的高技能人才高聚集效应，表现出多维的高技能人才的高聚集效应。企业特征的截面供需匹配度强于空间地理位置特征的空间匹配度，企业自身特征优势比空间地理位置优势对高技能人才的吸引力度更强。

根据以上研究结论，我国制造业试点示范城市群的高技能人才截面和空间供需匹配度强度与试点示范城市群的发展成熟度与空间地理位置具有较强的正向关联特征，在空间地理位置不变的条件下，提升制造业试点示范城市群的发展成熟度是有效提升高技能人才的供需匹配程度的重要手段之一。发展相对不够成熟的制造业试点示范城市群可以壮大城市群规模、制造业数字化、智能化产业升级、集群平台创新和管理模式等多维度高效提升试点示范城市群的发展成熟度，在逐步提升高技能人才多供需维匹配程度的同时，在有限的高技能人才储备的条件下，充分提高制造业试点示范城市群的高技能人才的利用效率，缓解阶段性的高技能人才紧缺问题，助推集群式制造业高质量规模化发展。

（7）蓝领技能人才网络招聘时间序列具有季节性特征，设置优化的招聘区段有助于提高就业效率。开放相关数据库信息有助于拓展高技能人才在时间维度的供需匹配度研究成果。

本书以我国蓝领技能人才网络招聘需求为研究对象，基于 X－13 ARIMA－SEATS 模型中 Genhol 程序的思想，设计组合循环遍历方法寻找春节效应显著性统计量和最优模型选择统计量，循环以穷尽性确定网络招聘的最佳影响时间区段，进行符合中国移动假日特点的网络招聘时间序列季节调整，得出春节节前和节后的最佳招聘需求序列具有显著影响，节前和节后有显著正影响，节中体现为显著负影响。实证研究结论显示，我国蓝领技能人才网络招聘的时间序列季节特征显著，春节节前和节后的最佳招聘需求序列具有显著影响的时间区段为节前 5 天、节中 7 天和节后 19 天，调整后网络招聘曲线季节性效应不显著。

根据以上研究结论，高技能人才作为技能人才的一部分，同蓝领技能人才供给和需求在时间维度的趋势性、季节性和随机性等特征会具有一定的相似性和关联性，基于高技能人才招聘或求职的相关连续性时间序列较难获取，本书未能使用设计的组合循环遍历方法对其最优招聘时间区段或求职时间区段进行针对性的时间维度的供需匹配研究。开放相关数据库信息一定程度有利于这方面研究成果的拓展，形成如我国 CPI 和 PPI 等经济指标研究一样丰富的研究成果，为人力资源相关服务部门提供基于时间维度的更精准的服务信息，在提高工作效率的同时，也能提升高技能人才的就业质量和就业效率。

第二节　思考与展望

《中国制造 2025》制造强国战略是我国在 2015 年实施的第一个十年行动纲领，在 70 多年的时间里，我国建立了世界上相对较为完整的现代工业体系，逐步实现从“制造大国”向“制造强国”的跨越。从大到强的历史性跨越离不开市场主体的坚韧努力，尤其是一大批高技能人才的艰苦创新和卓越贡献。基于《中国制造 2025》的战略背景对高技能人才的相关供需匹配问题进行研究是当前“制造大国”向“制造强国”跨越过程中需要持续关注的问题，对于我国制造业产业整体布局、局部聚集形态、制造业核心竞争力的提升以及高技能人才培养机制的设定等制造业战略问题具有重要的理论和现实意义。

在具体研究过程中，多维角度系统研究高技能人才的相关供需匹配特征是较全面深入分析该问题的必由路径。这种维度既包括截面、空间和时间的时空维度，也包括宏观和微观的视觉维度，还包括指标内的指数微维度等。本书主要从微观角度进行了截面和空间的指数维度的较为系统的成体系的研究，这也是当前高技能人才供需匹配研究较为缺乏的一种补充性研究，对后续的相关研究会有一定的启示和借鉴作用，但研究的深度和广度还需要进一步提升。

就深度来说，本课题在研究匹配的过程中，基于挖掘数据特征的限制，匹配内容主要考虑的是高技能人才供给本质特征和企业自身性质需求特征的匹配，对基于制造业产业需求的专业特征和行业背景等没有进行考虑，这部分内容在情报学科中有一些相关研究成果，其研究成果几乎都是基于某一行业、某一专业或某一区域的较为分散的相关匹配研究，主要侧重于数据挖掘技术层面的分析，未构成整体体系的系统研究，研究成果的可比性、可借鉴性和政策导向性作用有限。当然，要完成这些研究成果需要大量的相关大数据、大数据挖掘技术和人力资源技术做支撑，这是后续可以持续进行深入研究的内容，是对制造业内各行业高技能人才供需匹配基于专业技术层面更细致的研究，对制造业内各行业的高技能人才专业培育导向政策的制定具有重要意义。

就广度来说，基于方法研究设计和数据来源的局限性，本书主要从微观角度对高技能人才供需匹配进行研究，在时间维度上只进行了少量研究。从和已有的大量宏观研究成果的对比分析看，宏观角度与微观角度的研究成果既有相同点，也有一定的差异性。但基于“中国制造 2025”试点示范城市群的相关高技能人才宏观角度的供需匹配研究成果相对比较缺乏，本书中所作的差异性对比不是一种基于宏观和微观的点对点的精准比较，是值得持续深入探讨的问题。为了增加研究成果的可比性和价值性，后续基于宏观角度的相关研究也是可以持续开展的，这对制造业的行业整体布局战略和高技能人才的整体布局战略具有重要的政策导向作用。

综合来看，制造业高技能人才的优化匹配研究在深度和广度方面都还有很广阔的研究空间，基于综合体系的系统研究更能体现其研究的价值性，对我国制造业高技能人才优化匹配数字化系统的建设具有更强的理论和技术指导作用。

参考文献

［1］工信部装备工业司．《中国制造 2025》解读．http：//www. gov. cn/zhuanti/2016－05/12/content_ 5072768. htm. 2016－05－12.

［2］Beveridge W.. Full Employment in a Free Society. Allen and Unwin, Londow, 1944：1－50.

［3］Blanchard O., Diamond P. The Beveridge Curve［J］. Brooking Papers on Economic Activity, 1989（1）：1－76.

［4］Bleakley H., Jeffrey C.. Shifts in the Beveridge Curve, Job Matching, and Labor Market Dynamics［J］. New England Economic Review, 1997（9）：3－19.

［5］Pissarides, Christopher A.. Equilibrium Unemployment Theory Second Edition［M］. MIT Press, Cambridge, 2000.

［6］Lawrence M.. Kahn. Skill Shortages, Mismatches, and Structural Unemployment－A Symposium［J］. ILR Review, 2015, 68（2）：247－250.

［7］Peter H.. Cappelli. Skill Gaps, Skill Shortages, and Skill Mismatches：Evidence and Arguments for the United States. ILR Review, 2015, 68（2）：251－290.

［8］Cedefop. Skills, Qualifications and Jobs in the EU：the Making of a Perfect match?［R］. Publications Office of the European Union, 2015：60－70.

[9] Andrew W., Paul O.. Skill Demands and Mismatch in U.S. Manufacturing [J]. ILR Review, 2017.2 (70): 275-307.

[10] 李妍. 全球"工业4.0"最新进展及其对广东制造业转型升级的启示 [J]. 广东科技, 2017 (3): 31-35.

[11] 袁亚愚. 民工潮——中国现代工业社会的"生育阵痛" [J]. 社会科学研究, 1995 (2): 55-62.

[12] 宋林飞. "民工潮"的形成、趋势与对策 [J]. 中国社会科学, 1995 (4): 78-91.

[13] 王洪春. 中国"民工潮"与经济发展 [J]. 社会学研究, 1997 (4): 73-80.

[14] 蔡昉. "民工荒"现象: 成因及政策涵义分析 [J]. 开放导报, 2010 (2): 5-10.

[15] 刘尔铎. 城市劳动力市场结构性短缺与"民工荒" [J]. 人口学刊, 2006 (1): 84-87.

[16] 蔡昉, 王美艳. 中国人力资本现状管窥——人口红利消失后如何开发增长新源泉 [J]. 人民论坛·学术前沿, 2012 (4): 56-65.

[17] 窦争妍, 高文书. 中国经济转型背景下的制造业人力资本积累研究 [J]. 中国人力资源开发, 2016 (3): 89-94.

[18] 教育部, 人力资源和社会保障部, 工业和信息化部. 制造业人才发展规划指南 [R]. 2017: 1-3.

[19] 汤洋, 汤敏倩. 网络招聘信息中职业类型与专业领域的情报分析 [J]. 情报杂志, 2017, 6 (36): 72-76.

[20] 工信部装备工业司.《中国制造2025》解读. http://www.gov.cn/zhuanti/2016-05/12/content_5072768.htm. 2016-05-12.

[21] 百度百科. https://baike.baidu.com/item/%E9%AB%98%E6%8A%80%E8%83%BD%E4%BA%BA%E6%89%8D/6607877?fr=Aladdin.

[22] Qian H. Talent, Creativity, and Regional Economic Performance: the Case of China [J]. The Annals of Regional Science, 2010, 45 (1): 133-156.

[23] Florida R.. The creative class and economic development [J].

Economic Development Quarterly, 2014, 28 (3): 196 -205.

[24] 中国日报网. 全国技能人才总量已超两亿人 高技能人才超过6000万. https: //baijiahao. baidu. com/s? id = 1734758852481367328&wfr = spider&for = pc. 2022 -06 -05.

[25] 国家统计局社会科技和文化产业统计司. 科学技术部战略规划司. 中国科技统计年鉴 [M]. 中国统计出版社, 2018.

[26] 江苏省人民政府. 江苏省政府办公厅关于推进中国制造2025苏南城市群试点示范建设的实施意见（苏政办发〔2017〕44号）[N]. 2017 (6): 1 -7.

[27] 广东省人民政府办公厅. 广东省人民政府办公厅关于印发珠江西岸六市一区创建“中国制造2025”试点示范城市群实施方案的通知 [N]. http: //www. gd. gov. cn/gkmlpt/content/0/146/post_146006. html#7.

[28] 经济日报. 珠江西岸六市一区对标国际制造. http: //www. pd-times. com. cn/html/2017 -07/25/content_9_1. htm.

[29] 湖南省政府. 长株潭衡“中国制造2025”试点示范城市群建设推进计划（2017 -2019）. https: //bbs. rednet. cn/thread -47032285 -1 -1. html.

[30] 湖南省政府. 长株潭衡试点示范城市群建设“路线图”出炉! https: //hn. qq. com/a/20170630/017302. htm. 2017 -06 -30.

[31] 郑洛新国家自主创新示范区撬动中原城市群创新发展 [I/O]. 工人日报. http: //finance. qianlong. com/2018/0125/2352967. shtml. 2018 -01 -25.

[32] 白滨, 和震, 吴秋晨. 高技能人才职业核心素养——一项企业雇主与优秀员工视角下的质性研究 [J]. 中国职业技术教育, 2021, (18): 15 -24, 34.

[33] 张燕军, 尹媛. 英国约翰逊政府高技能人才培养政策的社会学制度主义分析 [J]. 职业技术教育, 2022, 43 (4): 73 -79.

[34] Balsmeier B., Woerter M.. Is This Time Different? How Digitalization InfluencesJob Creation and Destruction [J]. Research Policy, 2019, 48

(8)：1-10.

[35] 赵宸宇．数字化转型对企业劳动力就业的影响研究 [J]．科学学研究，2022 (10)：1-18.

[36] 王锋，葛星．低碳转型冲击就业吗——来自低碳城市试点的经验证据 [J]．中国工业经济，2022 (5)：81-99.

[37] 李强．人工智能、行业关联与劳动力就业 [J]．统计与决策，2022，38 (12)：175-179.

[38] Yang C. H. How Artificial Intelligence Technology Affects Productivity and Employment：Firm-level Evidence from Taiwan [J]．Research Policy，2022，51 (6)：104-536.

[39] 韩民春，乔刚．工业机器人对制造业劳动力就业的结构性影响与地区差异 [J]．产经评论，2020，11 (3)：49-63.

[40] 李新娥，喻子君，夏静等．人工智能技术应用下制造业企业就业效应研究——基于101家上市公司的实证检验 [J]．中国软科学，2021，(S1)：277-286.

[41] 吕世斌，张世伟．中国劳动力"极化"现象及原因的经验研究 [J]．经济学（季刊），2015，14 (2)：757-778.

[42] Tschang F. T.，Almirall E. Artificial Intelligence as Augmenting Automation：Implications for Employment [J]．Academy of Management Perspectives，2021，35 (4)：642-659.

[43] 江永红，张彬，郝楠．产业结构升级是否引致劳动力"极化"现象 [J]．经济学家，2016 (3)：24-31.

[44] 姜怀宇，徐效坡，李铁立．1990年代以来中国人才分布的空间变动分析 [J]．经济地理，2005 (5)：702-706.

[45] 刘晔，王若宇，薛德升等．中国高技能劳动力与一般劳动力的空间分布格局及其影响因素 [J]．地理研究，2019，38 (8)：1949-1964.

[46] 张俊，孙晓静．高技能人才发展效率的时空异质性与收敛性 [J]．淮北师范大学学报（哲学社会科学版），2019，40 (6)：66-73.

［47］ Topel R H. , Ward M P. . Job Mobility and the Careers of Young Men. The Quarterly Journal of Economics ［J］. 1992, 107 (2): 439 -479.

［48］ Qian H. Talent, Creativity and Regional Economic Performance: The Case of China. The Annals of Regional Science ［J］. 2008, 45 (1): 133 -156.

［49］ Alper J. Job - hopping to Greater Career Heights ［J］. Science, 1994, 265 (5180): 1924 -1925.

［50］ 胡兆量，王恩涌，韩茂莉. 中国人才地理特征［J］. 经济地理，1998 (1): 8 -14.

［51］ 张超，陈思. 地方品质与经济机会对劳动力流动的影响——基于 CLDS 2016 的实证分析［J］. 南方人口，2021，36 (1): 1 -16.

［52］ 姚先国，冯履冰，周明海. 中国劳动力迁移决定因素研究综述［J］. 中国人口科学，2021 (1): 117 -125 +128.

［53］ 刘晔，沈建法，刘于琪. 西方高端人才跨国流动研究述评［J］. 人文地理，2013，28 (2): 7 -12.

［54］ 刘理晖，胡晓. 全球人才流动特点和自由贸易港（区）的人才政策［J］. 重庆理工大学学报（社会科学），2019 (12): 1 -11.

［55］ 古恒宇，沈体雁. 中国省际高技能人才迁移的时空演化机制［J］. 地理学报，2022，77 (10): 2457 -2473.

［56］ Moscarini G, Thomsson K. Occupational and job mobility in the US, Scandinavian ［J］. Journal of Economics, 2007, 109 (4): 807 -836.

［57］ Xu H, Yu Z, Xiong H, et al. . Learning career mobility and human activity patterns for job change analysis ［C］. International Conference on Data Mining, 2015: 1057 -1062.

［58］ Xu H, Yu Z, Yang J, et al. . Talent circle detection in job transition network ［C］. Proceedings of the 22nd ACMSIGKDD International Conference on Knowledge Discovery and Data Mining (KDD), ACM, 2016: 655 -664.

［59］ Richard J, Oentaryo E P L, Xavier J. Talent flow analytics in online professional network [J]. Data Science and Engineering, 2018 (3): 199 - 220.

[60] 魏冶，修春亮，王绮．中国春运人口流动网络的富人俱乐部现象与不平衡性分析．人文地理，2018 (2): 124 - 129.

[61] Yang S, Yang X, Zhang C. Using social network theory for modeling human mobility [J]. Network IEEE, 2010, 24 (5): 6 - 13.

[62] 皮常玲，殷杰．民宿众筹成效的影响因素分析——基于有序多分类 Logistic 回归分析．旅游学刊，2019 (1): 112 - 123.

[63] 成鹏飞，周向红，周志强．长株潭衡创建“中国制造 2025”试点示范城市群的研究 [J]. 湖湘论坛，2018 (3): 132 - 138.

[64] Elhorst J P. Specification and Estimation of Spatial Panel Data Models [J]. International Regional Science Review, 2003 (26): 244 - 268.

[65] Elhorst J P. Annette S. Zeilstra: Labour force participation rates at the regional and national levels of the European Union: An integrated analysis [J]. Regional Science, 2007, 4 (86): 525 - 549.

[66] Sari Pekkala Ker, William Kerr, Çağlar Özden, Christopher Parsons. Global Talent Flows [J]. Journal of Economic Perspectives, American Economic Association, 2016, 30 (4): 83 - 106.

[67] Ernest Miguelez, Rosina Moreno. Spatial Mobility And Location Choices of Highly Skilled Workers [R]. ERSA conference papers ersa11, European Regional Science Association, 2011.

[68] Flores Segovia, M. Silva, E. Spatial Dynamics of Internal Migration Flows of the Skilled and Unskilled in Mexico [J]. Poblacióny Saluden Mesoamérica, 2020, 17 (2). 10.15517/psm.v17i2.39930.

[69] 王若宇，黄旭，薛德升等．2005 ~ 2015 年中国高校科研人才的时空变化及影响因素分析 [J]. 地理科学，2019, 39 (8): 1199 - 1207.

[70] 陈昊，陈哲．高学历劳动力就业困境及其原因探析 [J]. 统计研究，2015, 32 (4): 77 - 84.

[71] 杨东亮，任志超，李朋骜．中国省会城市人口密度对人才集聚

的影响研究［J］. 人口学刊，2020，42（4）：82－92.

［72］童玉芬，刘晖. 京津冀高学历人口的空间集聚及影响因素分析［J］. 人口学刊，2018，40（3）：5－17.

［73］刘晖，李欣先，李慧玲. 专业技术人才空间集聚与京津冀协同发展［J］. 人口与发展，2018，24（6）：109－124.

［74］齐宏纲，戚伟，刘盛和. 粤港澳大湾区人才集聚的演化格局及影响因素［J］. 地理研究，2020（9）：2000－2014.

［75］成鹏飞，周向红，周志强. 长株潭衡创建“中国制造2025”试点示范城市群的研究［J］. 湖湘论坛，2018（3）：132－138.

［76］王翔. 宁波装助力宁波打造“中国制造2025”试点示范城市［J］. 纺织报告，2016（7）：76－80.

［77］陈杏文，叶肖宏，张铭“中国制造2025”示范城市建设的知识产权标准化问题研究——以宁波市为例［J］. 法制与经济，2018（2）：35－37.

［78］王明荣. 宁波建设“中国制造2025”试点示范城市需要强化人才支撑［J］. 宁波通讯，2016（17）：28－29.

［79］何倩. 长株潭衡“中国制造2025”试点示范城市群人才培养培训基地建设研究［J］. 文化创新比较研究，2020，4（22）：55－57.

［80］Anselin Luc. Spatial Regression Analysis in R－A Workbook［R］. Center for Spatially Integrated Social Sciences，2007.

［81］Belsley D. A.，Kuh E. and Welsch，R. E.. Regression Diagnostics［M］. New York，Wiley，1980.

［82］Cook R D.，Weisberg S.. Residuals and Influence in Regression［M］. London，Chapman and Hall，1982.

［83］Fox J.，Weisberg S. An R Companion to AppliedRegression，Second Edition［M］. Sage Publ，2011.

［84］Lesagej P. Introduction to spatial Econometrics［M］. Bocaraton，CRCPress，2009.

［85］王蓉，黄桂田. 人力资本结构高级化、结构匹配与制造业生产

效率提升 [J]. 统计与决策, 2022, 38 (11): 88 - 92.

[86] 戴翔, 刘梦. 人才何以成为红利——源于价值链攀升的证据 [J]. 中国工业经济, 2018 (4): 98 - 116.

[87] 皮江红, 朱卫琴. 浙江制造业人才结构与产业结构匹配性研究 [J]. 浙江工业大学学报 (社会科学版), 2022, 21 (1): 46 - 53.

[88] 张希, 王婷, 李锦文. 高技能人才供求匹配及职业化研究——以浙江省为例 [J]. 劳动保障世界, 2016 (36): 5 - 6.

[89] 梁涛, 刘会贞, 李乃文. 产业结构与人才结构匹配度实证分析——以辽宁省为例 [J]. 工业技术经济, 2011, 30 (12): 80 - 84.

[90] 胡雯, 常旭华. 制造业升级视角下的人才结构协同研究——以上海为例 [J]. 上海经济, 2018 (4): 5 - 16.

[91] 王志华, 董存田. 我国制造业结构与劳动力素质结构吻合度分析——兼论"民工荒""技工荒"与大学生就业难问题 [J]. 人口与经济, 2012 (5): 1 - 7.

[92] Jackman R, Roper S. Structural unemployment [J]. Oxford Bulletin of Economics and Statistics, 1987, 49 (1): 9 - 36.

[93] 潘静. 技能人才与制造业需求的匹配关系研究——以佛山市为例 [J]. 生产力研究, 2019 (3): 76 - 81 + 161.

[94] 徐升艳, 王睿智. 劳动力供需匹配探讨——基于镇江市人力资源市场微观数据 [J]. 江苏商论, 2020 (2): 101 - 106.

[95] Padoa - Schioppa, Fiorella. ACross - country Comparison of Sectoral Mismatch in the 1980s [M]. In Fiorella Padoa - Schioppa, ed., Mismatch and Labour Mobility. Cambridge, UK: Cambridge University Press, 2008: 1 - 43.

[96] Sahin A, Song J, Violante G L.. Mismatch Unemployment [C]. National Bureau of Economic Research, Inc, 2012: 3529 - 3564.

[97] 杨烨, 谢建国. 开发区设立对企业出口产品质量的影响——基于高技能人才质量匹配视角的研究 [J]. 经济评论, 2021 (2): 83 - 102.

[98] 徐升艳, 王睿智. 劳动力供需匹配探讨——基于镇江市人力资源市场微观数据 [J]. 江苏商论, 2020 (2): 101 - 106.

[99] Bell W R., Hillmer S C. Modeling Time Series with Calendar Variation, Journal of the American Statistical Association, 1983, 78: 526-534.

[100] 苏振宇，龙勇，汪於．基于季节调整和 Holt-Winters 的月度负荷预测方法 [J]. 中国管理科学，2019，3 (27)：30-40.

[101] 栾惠德，张晓峒．季节调整中的春节模型 [J]. 经济学（季刊），2007，24 (2)：707-722.

[102] 贺凤羊，刘建平．如何对中国 CPI 进行季节调整——基于 X-12-ARIMA 方法的改进 [J]. 数量经济技术经济研究，2011，28 (5)：110-124.

[103] 石刚．春节模型的设计与应用 [J]. 统计研究，2013，30 (1)：87-95.

[104] 孟文强，陈中涛．制造业采购经理人指数 PMI 季节调整中的春节模型优化 [J]. 统计与决策，2020，36 (21)：57-61.

[105] 陈飞，怀雅男．春节模型的效应期识别方法研究 [J]. 系统工程理论与实践，2019，39 (4)：1031-1041.

[106] David F. Findley. Stock Series Holiday Regressors Generatedby Flow Series Holiday Regressors [C]. 2009.

[107] 中国人民银行调查统计司．时间序列 X-12-ARIMA 季节调整——原理与方法 [M]. 中国金融出版社，2006.

[108] 邢竟，陈光慧．季节调整方法及其在我国的应用研究综述 [J]. 统计与决策，2016 (14)：17-22.

[109] Christoph Sax, Dirk Eddelbuettel. Seasonal Adjustment by X-13ARIMA-SEATS in R [J]. Journal of Statistical Software, 2018, 87 (1): 1-17.

[110] Time Series Research Staff. X-13ARIMA-SEATS Reference Manual Version 1.1 [R]. Center for Statistical Research and Methodology U. S. Census Bureau, 2017: 20-40.

[111] Cleveland R. B., Cleveland W. S., McRae J. E., Terpenning I. STL: A Seasonal-Trend Decomposition Procedure Based on Loess [J]. Jour-

nal of Official Statistics, 1990, 6: 3 - 73.

[112] 章永康. 中国蓝领就业招聘的几点思考 [J/OL]. https://wenku.baidu.com/view/6503c41e85868762caaedd3383c4bb4cf6ecb740.html. 2019 - 10 - 10.

[113] 周云. 2020 中国宏观经济形势分析与预测年中报告发布 [OL]. 看看新闻 Knews. https://baijiahao.baidu.com/s? id = 1671975197863687229&wfr = spider&for = pc. 2020 - 07 - 12.

[114] 赖雨蒙. 蓝领就业景气指数大涨之谜: 外贸企业订单压身、求人若渴 [O/L]. 人大新闻网. https://news.ruc.edu.cn/archives/306248. 2021 - 01 - 28.

附 录

附录表 1　　　　图形区划显示部分核心 R 语言函数

```
#======试点示范城市群分布图函数(需要载入相应 R 语言程序包)=========
# myepidat 为组合地图边界数据;mymapd 为读取的地图数据;temp 为省会城市经纬度
coutrymap < - function( myepidat, mymapd, temp)
    {
    ggplot( data = myepidat) +
    geom_map( aes( map_id = id, fill = 试点数), color = "white", map = mymapd) +
    geom_point ( data = temp, aes( x = long, y = lat, fill = NULL, colour = Clusters),
              colour = "blue") +
    geom_text( data = location, aes( x = lon, y = lat, label = city), show. legend = F,
              segment. size = 5) +
    expand_limits( x = c( 73, 136), y = c( 26, 54)) +
    scale_fill_gradient( name = "", high = "red", low = "gray", breaks = c( 0, 1, 2, 3, 4, 5, floor( max
                    ( myepidat $ 试点数)))) +
    coord_map( ) +
    theme_opts +
    theme( legend. text = element_text( size = 7),
    legend. position = c( 0. 9, 0. 4))
    }
#============试点示范城市群流入(或流出)热力图函数===========
# myepidat 为组合地图边界数据;mymapd 为读取的地图数据;temp 为省会城市经纬度
```

续表

```
hotmap < - function( myepidat, mymapd, temp)
    {
    ggplot( data = myepidat) +
    geom_map( aes( map_id = id, fill = 试点数), color = "white", map = mymapd) +
    geom_point( data = temp, aes( x = long, y = lat, fill = NULL), colour = "yellow") +
    geom_point( data = location, aes( x = lon, y = lat, fill = 流入比率, size = 流入比率,
              stroke = 流入比率, alpha = 流入比率), colour = "blue") +
    scale_size( "流入比率", limits = c(0.1, 0.7)) +
    scale_alpha( "流入比率", limits = c(0.1, 0.7)) +
    geom_text_repel( data = location, aes( x = lon, y = lat, label = city), size = 2.5) +
    expand_limits( x = c(73, 136), y = c(6, 54)) +
    scale_fill_gradient( name = "示范城市数", high = "red", low = "gray",
         guide = "colourbar", breaks = c(0, 1, 2, 3, 4, 5, floor( max( myepidat $ 试点数)))) +
    coord_map( ) +
    theme_opts +
    theme( legend. text = element_text( size = 7), legend. position = c(0.95, 0.55),
         legend. title = element_text( size = 7))
    }
# = = = = = = = = = = = = = 背景设置的 theme_opts 函数 = = = = = = = = = = = = = = = = = =
theme_opts = list( theme( panel. grid. minor = element_blank( ),
              panel. grid. major = element_blank( ),
         panel. background = element_rect( fill = "white"),
         plot. background = element_rect( fill = rgb( red = 242, green = 242, blue = 242,
                   max = 255)),
         panel. border = element_blank( ),
         legend. background = element_rect( fill = "white"),
         axis. line = element_blank( ),
         axis. text. x = element_blank( ),
         axis. text. y = element_blank( ),
         axis. ticks = element_blank( ),
         axis. title. x = element_blank( ),
         axis. title. y = element_blank( ),
         plot. title = element_text( size = 10)))
```

附录表 2　　数据规范化核心 R 语言函数

```
#======企业招聘数据规范化部分函数(需要载入相应 R 语言程序包)=======
# skillcompany 为爬取的企业招聘的高技能人才数据
skilldata = function( skillcompany)
  {
    sal1 = gsub("^- |K|以上|以下","",x = as. character( skillperson[ ,2]))
    sal2 = sub(" - "," + ",x = sal1)
    sal3 = sub("薪资面议","NA",x = sal2)
    head( sal3)
    n = nrow( skillperson)
    salary1 = matrix( ,n,1)
      for( j in 1:n)
      {
        if( sal3[ j] = =1)
        salary1[ j, ] =1
        else
        salary1[ j, ] = round( eval( parse( text = sal3[ j]))/2,0)
      }
    salary2 = as. numeric( salary1)
    work1 = gsub("经验不限|1 年以下|无经验",1,x = as. character( skillperson[ ,3]))
    work2 = gsub("1 -3 年",2,x = work1)
    work3 = gsub("3 -5 年",3,x = work2)
    work4 = gsub("5 -10 年|10 年以上",4,x = work3)
    work5 = as. numeric( work4)
    edu1 = gsub("学历不限|中专|大专|中技|高中",1,x = as. character( skillperson[ ,4]))
    edu2 = gsub("本科",2,x = edu1)
    edu3 = gsub("硕士",3,x = edu2)
    edu4 = gsub("博士",4,x = edu3)
    edu5 = as. numeric( edu4)
      type1 = gsub("学校/下级学院|事业单位|不限|股份制企业|合资|外商独资|其他|上市
            公司|港澳台公司|社会团体|代表处",1,x = as. character( skillperson[ ,5]))
    type2 = gsub("民营",2,x = type1)
    type3 = gsub("国企",3,x = type2)
```

续表

```
    type4 = as. numeric( type3 )
    size1 = gsub( "不限|20 人以下|20 - 99 人| ",1,x = as. character( skillperson[ ,6 ] ) )
    size2 = gsub( "100 - 499 人|500 - 999 人",2,x = size1 )
    size3 = gsub( "1000 - 9999 人|10000 人以上",3,x = size2 )
    size4 = as. numeric( size3 )
    skillperson1 = cbind( name = skillperson[ ,1 ] ,salary = salary2 ,work = work5 ,edu = edu5 ,
              type = type4 ,size = size4 )
    skillperson2 = na. omit( skillperson1 )
    list( skillperson2 )
    }
#= = = = = = = = = = = =高技能人才求职数据规范化部分函数= = = = = = = = = = = =
# datanew 为整理后各试点示范城市群高技能人才求职数据;tol1 为现工作城市,tol2 为期望工作城市,工作地与期望工作地相同为不流动,原工作地在六区期望工作地在六区,为流入,否则,为流出
skilldata = function( datanew ,tol1 ,tol2 )
  {
    n = nrow( datanew )
    addr1 = matrix( ,n,1 )
    sala1 = addr1
    for( i in 1:n)
    {
    if( tol1[ i ] = = TRUE&tol2[ i ] = = TRUE)
    addr1[ i, ] =3
    if( tol1[ i ] = = TRUE&tol2[ i ] = = FALSE)
    addr1[ i, ] =1
    if( tol1[ i ] = = FALSE&tol2[ i ] = = TRUE)
    addr1[ i, ] =2
    if( tol1[ i ] = = FALSE&tol2[ i ] = = FALSE)
    addr1[ i, ] = NA
    }
    addr2 = as. numeric( addr1 )
    gender1 = gsub( "男",1,x = as. character( gdongdatanew[ ,2 ] ) )
```

续表

```
gender2 = gsub("女",2,x = gender1)
gender3 = as.numeric(gender2)
edu1 = gsub("本科",1,x = as.character(gdongdatanew[,4]))
edu2 = gsub("硕士",2,x = edu1)
edu3 = gsub("MBA|EMBA",3,x = edu2)
edu4 = gsub("博士",4,x = edu3)
edu5 = as.numeric(edu4)
fs3 = gsub("^-|元/月|以上|以下","",x = as.character(gdongdatanew[,7]))
fs4 = sub("-","+",x = fs3)
fs5 = sub("面议","0",x = fs4)
for(j in 1:n)
{
    if(fs5[j] = = "")
    sala1[j,] =0
    else
    sala1[j,] = round(eval(parse(text = fs5[j]))/2,0)
}
  for(j in 1:length(tol1))
{
  if(sala1[j] = =0)
  sala1[j,] = round(mean(sala1),0)
  }
sala2 = as.numeric(sala1/10000)
age1 = as.vector(gdongdatanew[,3])
age2 = as.numeric(age1)
skilldatanew1 = cbind(age = age2,gender = gender3,edu = edu5,io = addr2,salary = sala2)
skilldatanew3 = na.omit(skilldatanew1)
  skilldatanew4 = as.data.frame(skilldatanew3)
write.csv(skilldatanew4,file = "D:/国家社科项目/datanew.csv",row.names = F)
list(skilldatanew4 = skilldatanew4)
}
#================流入流出学历矩阵程序==========
```

续表

```
# skilldatanew4 为高技能人才整理数据;gdto1 为现工作地编码;gdto2 为期望工作地编码
numberinout = function(skilldatanew4, gdto1, gdto2)
{
edunumber1 = edunumber2 = edunumber3 = matrix(NA,7,7)
    for(i in c(1:7))
      {
      for(j in c(1:7))
      {edunumber1[i,j] = length (which(gdto1[,i] = =1&gdto2[,j] = =1&
                                    skilldatanew4 $ edu = =1))
      edunumber2[i,j] = length (which(gdto1[,i] = =1&gdto2[,j] = =1&
                                   skilldatanew4 $ edu = =2))
      edunumber3[i,j] = length (which(gdto1[,i] = =1&gdto2[,j] = =1&
                                   skilldatanew4 $ edu = =3))
          }
        }
        bacflowout = rowSums(edunumber1)
        bacflowin = colSums(edunumber1)
        masterflowout = rowSums(edunumber2)
        masterflowin = colSums(edunumber2)
        doctorflowout = rowSums(edunumber3)
        doctorflowin = colSums(edunumber3)
        eduinout = cbind(bacflowin, masterflowin, doctorflowin, bacflowout, masterflowout,
                  doctorflowout)
        list(eduinout)
        }
```

附录表 3　　　　　　　　模型部分核心 R 语言函数

```
#= = = = = = = = = = = = = = = =需要载入相应 R 语言程序包= = = = = = = = = = = = =
#= = = = = = = = = = = = = = = = = = =企业偏好模型程序= = = = = = = = = = = = = = =
# newdata 为整理后各试点示范城市群规模企业或类型企业招聘数据
#单因子变量模型
gdongsize3 = multinom(size ~ factor(edu), data = newdata)
```

续表

```
    sugdongsize2 = summary( gdongsize3 )
    gdongsize4 = sugdongsize2 $ coefficients/sugdongsize2 $ standard. errors
    gdongsize5 = ( 1 - pnorm( abs( gdongsize4 ) ) ) * 2
    round( rbind( sugdongsize2 $ coefficients, exp( sugdongsize2 $ coefficients) , gdongsize5 ) ,3 )
    #非因子变量模型
    gdongsize11 = multinom( size ~ work + edu + salary, data = newgdongdata)
    sugdongsize12 = summary( gdongsize11 )
    gdongsize13 = sugdongsize12 $ coefficients/sugdongsize12 $ standard. errors
    gdongsize14 = ( 1 - pnorm( abs( gdongsize13 ) ) ) * 2
    round( rbind( sugdongsize12 $ coefficients, exp( sugdongsize12 $ coefficients) , gdongsize14 ) ,3 )
    #因子变量模型
    gdongsize = multinom( size ~ factor( work ) + factor( edu ) + salary, data = newgdongdata)
    sugdongsize1 = summary( gdongsize)
    gdongsize1 = sugdongsize1 $ coefficients/sugdongsize1 $ standard. errors
    gdongsize2 = ( 1 - pnorm( abs( gdongsize1 ) ) ) * 2
    round( rbind( sugdongsize1 $ coefficients, exp( sugdongsize1 $ coefficients) , gdongsize2 ) ,3 )
# = = = = = = = = = = = = = = = = = = = = 空间分析模型程序 = = = = = = = = = = = = = =
#莫兰空间全局和局部相关性检验
#gdspaqueen. gal 为软件 GeoDa 生成邻接表权重文件
    gdqueengal = read. gal( " D:/国家社科项目/gdspaqueen. gal" , override. id = TRUE)
    gdqueenweight = nb2listw( gdqueengal)
    gdmoranin = moran. test ( spagdflowdata $ flowin, gdqueenweight,
                    randomisation = FALSE)
    localmoran( spagdflowdata $ flowin, gdqueenweight)
    #流入/流出离群值图
    par( pty = " s" )
    plot( gdscaflowin, gdlagwin, pch = 1, xlab = " 流入" , ylab = " 流入滞后" , xlim = c( - 2,2) , ylim =
    c( -0. 8,0. 8) )
    points( gdscaflowin[ ( which( abs( gdmoraniin $ dffit) >1 | abs( gdmoraniin $ cook. d) >0. 5) ) , ] ,
    gdlagwin[ which( abs( gdmoraniin $ dffit) >1 | abs( gdmoraniin $ cook. d) >0. 5) ] , pch = 15)
    text( gdscaflowin, gdlagwin, spagdflowdata $ city, cex =0. 8 )
    abline( gdnormlmin $ coef[ 1 ] , gdnormlmin $ coef[ 2 ] )
```

续表

```
    abline( h = 0 , lty = 3 ) ; abline( v = 0 , lty = 3 )
#空间滞后与空间残差模型
# spagdflowdata 为高技能人才空间流入或流出数据
    gdagein = spagdflowdata $ flowin ~ spagdflowdata $ bagefin + spagdflowdata $ magefin + spagdflowda-
    ta $ sagefin
    gdageinfomula = lagsarlm( gdagein, data = gdqueenshp, nb2listw( gdqueengal, style = " W" ) )
    coeftest( gdageinfomula)
    gdageinerror = errorsarlm( gdagein, data = gdqueenshp, nb2listw( gdqueengal, style = " W" ) )
    coeftest( gdageinerror)
# = = = = = = = = = = = = = = = = = = = G1 法赋权函数 = = = = = = = = = = = = = = = = =
#r 为指标重要性排序序列,n 为序列长度,g1_w 为排序后指标的权值
g1 < - function( r, n)
    {
    t = matrix( NA)
    g1_w = matrix( NA)
        for( i in 1 : length( r) )
    {
    t[ i] = prod( r[ i:n] ) }
    w3 = 1/( 1 + sum( t) )
    n = length( t)
    g1_w[ n + 1] = w3
      for( i in n:1)
    { g1_w[ i] = g1_w[ i + 1] * r[ i] }
        list( g1_w = round( g1_w, 4) )
      }
# = = = = = = = = = = = = = = = = = = = K - means 聚类函数 = = = = = = = = = = = = = = =
# totaldatanew 为要分组的数据,n 为分组组数
cluster < - function( totaldatanew, n)
    {
    pam1 = pam( totaldatanew, 3)
    spam = silhouette( pam1)
    list( pam1 = round( pam1, 4) , spam = spam)
    }
```

续表

```
#============网络招聘三区段组合循环遍历算法函数============
# wrecruit 为企业网络招聘蓝领技能人才的月度数据
springtime < - function(wrecruit)
    {
    k = 1;n = 30;m = 36   #以 35 天为初始值试显著性
    spr = matrix(,n * m * 2,10,)
    mid_cny1 = genhol(cny,start = 0,end = 6,frequency = 12,center = "calendar")
    pre_cny1 = genhol(cny,start = -20,end = -1,frequency = 12,center = "calendar")
    post_cny1 = genhol(cny,start = 7,end = 12,frequency = 12,center = "calendar")
    for(i in c( -2: -27, -29: -n))
    {
      pre_cny1 = genhol(cny,start = i,end = -1,frequency = 12,center = "calendar")
      for(j in 13:m)
      {
      post_cny1 = genhol(cny,start = 7,end = j,frequency = 12,center = "calendar")
      m2 = seas(x = wrecruit,x11 = "",xreg = cbind(pre_cny1,mid_cny1,post_cny1),
           regression. usertype = "holiday")
      m3 = summary(m2)
      regspr = m3 $ coef[c("xreg1","xreg2","xreg3"),]
      spr[k,] = c(prispr = i,posspr = j,spring1 = round(regspr[1,1],4),
            p1 = round(regspr[1,4],4),spring2 = round(regspr[2,1],4),
            p2 = round(regspr[2,4],4),spring3 = round(regspr[3,1],4),
            p2 = round(regspr[3,4],4),m3 $ aicc,m3 $ bic)
      k = k + 1
      }}
    list(spr = spr)
    }
```